M. Basilea Schlink, Zum Gewinn ward mir das Leid

M. Basilea Schlink

Zum Gewinn ward mir das Leid

Evangelische Marienschwesternschaft
Darmstadt-Eberstadt

B. Burkhardt

ISBN 3-87209-322-3

1. Auflage 1983
4. Auflage 1994 (23.-25. Tausend)

© Verlag Evang. Marienschwesternschaft,
Darmstadt-Eberstadt, 1983

Gesamtherstellung: Druckhaus West GmbH, Stuttgart

Übersetzt in 24 Sprachen

Inhalt:

LEIDEN

sind einem
Ackerfeld gleich,
das den Schatz
wahrer Glück-
seligkeit birgt,
denn im Leid ist
Jesu göttliches Leben
als Schatz
verborgen, den
wir heben
sollen.

Sorgen

Sorgen wollen dich schier verschlingen, nachts bekommst du keine Ruhe davon; du siehst bei einer schwierigen, verwickelten Situation keine Lösung, weißt nicht, wie dieser und jener Sorgenberg abgetragen werden soll, woher hier eine Hilfe kommen kann. Es sind vielleicht Arbeitsberge, die du zeit- und kräftemäßig meinst nicht bewältigen zu können. Oder es sind Geldnöte – Sorgen um deine Kinder mit Ausbildungs-, Entwicklungsschwierigkeiten – Krankheitssorgen – Sorgen um deine alten Eltern. Und es sind hundert andere Sorgen, die uns beschweren.

Oft sind es wirklich begründete Sorgen, menschlich gesehen berechtigt. Aber dennoch mag es gut sein, sich als erstes im Licht Gottes zeigen zu lassen, ob wir vielleicht selbst die Ursache sind. Denn manche verlieren sich auch in Sorgen, weil ihre Wünsche und Ansprüche nicht erfüllt werden, die sie für lebensnotwendig halten, die es aber tatsächlich gar nicht sind. Ja, wie sehr können Menschen sich zermürben, weil sie irgendwelchen Positionen im beruflichen Leben oder sonst nachjagen und diese dann doch nicht erlangen. Da hilft die eine Frage: Ist das, worum ich mich sorge, nach Gottes Willen – oder sorge ich, weil ich etwas haben will, was ich nicht haben soll und mir auch gar nicht dienlich wäre? Wie einfach lösen sich solche Nöte, wenn wir den Schlüssel der Willenshingabe an Gott finden: Was Er nicht gibt, das will ich auch nicht haben. Weil Er Liebe ist, führt Er mich immer den besten Weg – hätte Er einen besseren Weg für mich, dann hätte Er mich den geführt.

Doch gibt es Sorgen, die auf einer anderen Ebene liegen und an sich zu verstehen sind, besonders wenn es um die Verantwortung für uns Anvertraute geht. Ich weiß, wie es ist, wenn solche Sorgenberge schwer auf uns lasten. Das erfahre ich in meinem Dienst als geistliche Mutter einer Schwesternschaft mit etwa 200 Schwestern, von denen ein großer Teil in 19 Auslandsniederlassungen eingesetzt ist in verschiedenen Ländern, bis hin zum Fernen Osten. Da eine ganz enge Verbindung zwischen den Schwestern der Niederlassungen und dem Mutterhaus besteht, kommen von dort viele Schwierigkeiten und Nöte auf mich zu – seelsorgerliche Fragen, Krankheitsnöte oder daß hier und da die geeignete Schwester fehlt und vielerlei sonst, bedingt durch die jeweilige Situation des betreffenden Landes. Dazu kommt alles, was hier auf unserem kleinen Land Kanaan anfällt. So bin ich Tag für Tag vor viele Probleme gestellt und weiß oft nicht, wie sie gelöst werden sollen.

Besonders drückend können Sorgen sein, wenn sie verbunden sind mit großen Leiden, die dadurch naherücken. Doch der Herr zeigte mir für jeden Sorgenberg eine Lösung, nämlich die Gewißheit: Alles, was uns jetzt an Nöten und Problemen beschwert, ist eingeschlossen in einen ewigen Ratschluß Gottes. Gott hat es bedacht als Vater der Liebe und uns hineingestellt in diese Probleme. Aber zugleich mit Seinem Ratschluß hat Er sich auch schon den Ausgang, die Lösung der Nöte erdacht, weil ein rechter Vater sein Kind nicht ohne Hilfe läßt.

Sobald ich darauf vertraute, konnte ich danken: Bei Dir ist die Lösung, und darum kommt sie auch in mein Herz, in meine Gedanken, wenn ich jetzt darum bitte: Zeige sie mir. Wenn es zum Beispiel bei Dienstbesprechungen so war, daß wir gar keine Lösung finden konnten, dann unterbrach ich sie immer wieder und bat jedesmal neu den Vater im Himmel um Hilfe in dem Dank: Du hast bereits diese Nöte, diese Probleme gelöst, und darum zeigst Du uns den nächsten Schritt, wie sie zu lösen sind.

Dann wurde – oft ganz plötzlich – ein Weg gezeigt. Das kann ich bezeugen und mit mir unsere verantwortlichen Schwestern.

So begann ich oft angesichts einer Schwierigkeit zu rühmen, wer unser himmlischer Vater ist: ein Vater, der uns liebt und weiß, wessen wir bedürfen. Und ich sang:

Ja, ich glaube; ja, ich glaube, meinem Vater fest vertraue, daß Er eine Lösung hat.

Ja, ich glaube; ja, ich glaube,
meinem Vater fest vertraue:
Er für alles sorgen wird.

Ja, ich glaube; ja, ich glaube,
meinem Vater fest vertraue,
daß Er einen Weg hier zeigt.

Ja, ich glaube; ja, ich glaube,
meinem Vater fest vertraue,
Seine Hilfe kommt gewiß.*)

Dabei wurde mein Herz richtig froh und voll Danken und Loben, welch ein Vater unser Gott ist. Ich wußte dann, die Lösung und Hilfe wird kommen – und sie kam immer.
Vielleicht geht es dir auch so, daß du mancherlei Verantwortung trägst und nicht weißt, wie du hier und da handeln, was du zum Beispiel deinen Kindern raten sollst, wie du eine besondere Schwierigkeit lösen, bei einer verwickelten Sache mit vielen Problemen zur Klarheit kommen kannst. Dann probiere auch den Weg aus, auf dem der Herr mir die Hilfe geschenkt hat, und du wirst erleben: Berge, das heißt hier: Sorgenberge schmelzen wie Wachs vor dem Herrn (siehe Psalm 97, 5). Ja, Gott ist der Allmächtige, der mit einem Wort alles ändern kann, ob es Situationen oder Menschen sind, durch die Schwierigkeiten, Probleme und Nöte kommen! Er

*) Hier können weitere Bitten eingesetzt werden.

vermag alles, und Er wird auch alles tun, um uns zu helfen, weil wir in Jesus Christus Seine Kinder sind und Er uns liebt. Wir müssen nur oft etwas Geduld haben und warten – doch Er kommt mit Seiner Hilfe nie zu spät.

So ist bei Sorgenbergen das Entscheidende, daß ich als Kind zu Gott als meinem Vater komme. Von Ihm sagt der Herr Jesus: »Wo bittet unter euch ein Sohn den Vater ums Brot, der ihm einen Stein dafür biete?« (Luk. 11, 11). Wieviel mehr als ein irdischer Vater oder ein Freund dem Freund wird der Vater im Himmel Gutes tun denen, die Ihn darum bitten. Das sagt Jesus uns fest zu, wo wir auf des Vaters Liebe und Hilfe vertrauen, allerdings unter der Bedingung, daß wir kommen und bitten – ja wie ein Kind betteln.

Vor vielen Jahren erlebte ich einmal, daß der Herr mir bei einer ganz großen Not, in der sich unser Werk befand und aus der Menschen uns nicht mehr helfen konnten, gerade dieses Wort gab. Viele Wochen lang sangen wir jeden Tag nach dem Mittagessen diesen Vers: »Wo bittet unter euch ein Sohn den Vater ums Brot, der ihm einen Stein dafür biete?... Wo, wo? – nirgendwo!« (wenn es ein rechter Vater ist). Also konnte ich mich darauf verlassen, daß erst recht unser Vater im Himmel die zugesagte Hilfe geben würde. Und Er tat es – obgleich alles völlig unmöglich schien – als ein Wunder vor unseren Augen; der Sorgenberg wurde zur Ebene.

Wenn Sorgen uns bedrücken wollen, heißt es also,

Gott bei Seinem Wort zu nehmen, sich darauf zu stellen, die Verheißung Seiner Hilfe Ihm immer wieder vorzuhalten: So hast Du versprochen, Du heißt Ja und Amen, und Du wirst nun danach handeln; ich werde es erleben, meine Nöte werden sich lösen und alle Sorgen weichen! Denn was sollte Dir unmöglich sein? Nichts ist Dir unmöglich, auch da, wo bei einer Not oder einer verwickelten Sache menschlich gesehen kein Ausweg mehr zu finden ist.

Gott weiß einen Weg. Er hat »Weg allerwegen, an Mitteln fehlt's Ihm nicht«. Gott wird die Zusage der Heiligen Schrift wahr machen: »Alle eure Sorge werfet auf ihn, denn er sorgt für euch!« (1. Petr. 5, 7). Ja, das tut Er in jeder Lage.

Darum möchte ich dir Mut machen: Vertraue dem Vater und kreise nicht mehr um deine Sorgen. Nimm eine Umschaltung vor, daß deine Gedanken, statt sich ständig mit bestimmten Dingen, Schwierigkeiten, Unmöglichkeiten, Problemen und Menschen zu beschäftigen, die der Anlaß zur Sorge waren, jetzt um den Vater kreisen, wer Er ist und daß Er in Seiner Liebe bestimmt Hilfe und Lösung geben wird.

Vollziehe diese Kehrtwendung deiner Gedanken und fange an zu danken, daß Gott dein Vater ist, dessen Kind du bist, zu dem du gehen und alle deine Sorgen vor Ihm ausbreiten darfst. Dann kannst du schon mitten in den Problemen und Nöten sprechen:

Ich danke Dir, mein Vater,
Deine Hilfe ist mir gewiß,
Du läßt mich nicht im Stich,
Du hast eine Lösung für das,
was mir Sorgen bereitet.
Ich darf ja Dein Kind sein,
das Du liebst
und dem Du darum Hilfe schicken wirst –
zu Deiner Zeit.

Unerträgliches Zusammenleben

Du brauchst Hilfe, denn dein Zusammenleben mit anderen Menschen, vielleicht deinem Ehegatten, deinen Kindern, Berufsgenossen oder Nachbarn, ist unerträglich geworden. Du siehst keinen Weg mehr, wie hier eine Lösung kommen soll. Du leidest namenlos darunter. Doch auch für dieses Leiden hat Gott eine »geistliche Medizin« bereit, die Hilfe und Heilung bringt. Das durfte ich mit vielen anderen in solcher Situation erfahren.

Eine Zeitlang lebte ich mit einem Menschen zusammen, der als hysterisch bekannt war, mir das Leben unerträglich machte, da er von Ichsucht, Neid und Rebellion so geplagt war, daß er nichts mehr sachlich und richtig ansehen konnte. Alles wurde verdreht, und Anklagen mit heftigen Zornausbrüchen, die ich kaum mehr aushalten konnte, waren an der Tagesordnung. Da dieser Mensch mir alles verdarb, hatte ich bittere Gedanken und wollte schier kapitulieren. Kein Zueinander war möglich – ein Bruch war da, der anscheinend nie mehr geheilt werden konnte. Jeder, der davon etwas miterlebte, bestätigte mir: Dies zerrüttete Verhältnis kann nicht mehr zurechtgebracht werden. Doch das Wunder geschah, es wurde geheilt – ich habe es erlebt. Wie kam es dazu?

In meiner Not schrie ich eines Tages heiß zum Herrn um Hilfe – bat um eine Antwort, was ich denn tun könnte, daß dieser unerträgliche Zustand gewendet würde. Da war es auf einmal, als ob Gottes Finger nicht auf mein Gegenüber zeigte, das mir diese große Not verursachte, sondern auf mich: Du bist es, bei der sich etwas ändern muß. Du denkst, der andere ist allein der Schuldige, und hast nie daran gedacht, daß auch du schuldig sein könntest. Ist es nicht ein Hauptgebot, daß wir unseren Nächsten lieben sollen wie uns selbst? Wo ist deine Liebe zu diesem Menschen, der doch dein Nächster ist? Du liebst ihn nicht mehr, damit stehst du in der Sünde gegen die Liebe. Und das nicht allein, du bist sogar bitter geworden und läßt diese bitteren Gedanken in dir leben, obwohl die Heilige Schrift sagt, daß Bitterkeit, Nichtvergeben, eine der schwersten Sünden ist, die uns das Reich Gottes verschließt (Matth. 6, 15; Matth. 18, 34 u. 35; Hebr. 12, 15 u. a.). Du läßt dich auf die Seite Satans ziehen, der ein Verkläger ist; denn in deinem Herzen ist immer neu eine Anklage gegen deinen Nächsten – du bist schuldig vor Gott. Du weißt, daß dein Gegenüber etwas krankhaft veranlagt ist, du aber bist normal veranlagt, du solltest durch Vergeben und Lieben diese Not überwinden. Doch das hast du nicht getan; du hast dich jedesmal zurückgezogen, wenn Ausbrüche des Zorns sich über dich ergossen haben, und hast dein Herz zugeschlossen.

Es war dann, als ob Jesus weiter zu mir sagte: Ich frage dich heute schon als dein Richter – wo ist dein Vergeben, deine Liebe, die dem anderen nicht anrechnet, was er Böses tat? Ich habe die vergebende Liebe bei dir nicht gefunden, obwohl du selbst mit deinen Sünden und deinem Versagen ständig von Meiner vergebenden Liebe lebst. So bitte jetzt, daß du in die Reue kommst über diese große Sünde des Nichtvergebens, der Bitterkeit. Wenn dein Herz voll Reue ist, wirst du unter Mein Kreuz eilen und durch Mein vergossenes Blut Vergebung finden. Mein Blut wird dich zugleich reinigen, daß die Härte deines Herzens erweicht wird und Liebe statt Bitterkeit herausströmt.

Das tat ich dann. Von diesem Tag an betete ich jeden Morgen etwa 20 Minuten – einige Wochen oder sogar Monate – um eine tiefe Reue. Da schenkte der Herr in Seiner Barmherzigkeit Erhörung: Er gab mir Reue, und es wurde wahr, was Er mir gesagt hatte: Diese Reue trieb mich als armen Sünder mehr denn je zu meinem Herrn Jesus, und ich erfuhr, daß Er etwas Neues in mein Herz hineinlegte, etwas von erbarmender Liebe zu dem, der mir so schwer zu tragen gab.

So kam wieder einmal ein ganz besonders schwerer Tag. Ich weiß jetzt noch die Stelle, wo die Begegnung stattfand, als aufs neue solch ein böser Ausbruch über mich herniederging. Da spürte ich zu meinem Verwundern: Mein Herz verschloß sich nicht mehr in Abwehr – nein, erbarmende Liebe brach plötzlich in mir auf. Ich nahm diejenige in die Arme und gab ihr einen Kuß, so daß sie einhielt und mich ganz erstaunt ansah. Von diesem Tag an wurde etwas anders. Das Verhältnis war nicht mehr unheilbar zerbrochen, es war nicht mehr unmöglich und aussichtslos, daß jemals noch ein Band der Liebe geknüpft würde. Es war ein neuer Grund gelegt. Ein Wechsel wie auf einer Drehbühne hatte sich vollzogen. Nicht mehr der andere, sondern ich war der Schuldige. Ich konnte und mußte ihn um Vergebung bitten, und das schloß das Herz meines Gegenübers auf. So wurde mit der Zeit unser Verhältnis zueinander immer besser und dieser Mensch selbst noch ganz verwandelt.

Was war also der Ausgangspunkt, von dem her dies verfahrene Verhältnis neu wurde? Das »Gesetz der Drehbühne«: Wo ich vorher immer nur sehe, was der andere mir antut und wie schuldig er an mir geworden ist, dreht sich auf einmal die Bühne, und ich sehe meine Schuld, ich bin der Schuldige.

Es ist gewiß, daß du dasselbe erleben wirst, wenn du in deiner Not zum Herrn schreist. Denn Er ist derselbe Gott und Vater. Er wird, wenn du in Treue nicht aufhörst, um die Reue zu flehen, dir antworten und dir die Reue schenken. Das Verhältnis zu deinem Nächsten wird sich wandeln.

Und was hat dir dann die große Not eines unerträglichen Zusammenlebens gebracht? Es ist Kostbarstes, wie Leiden immer Kostbarstes mit sich bringt. Durch diese Not wurde dir als erstes dein sündiges Wesen gezeigt, und die Wahrheit macht uns frei, frei von der großen Sünde der Selbstgerechtigkeit, der Bitterkeit, des Pharisäismus, daß wir die Schuld

18

immer nur bei dem anderen sehen. Damit bringt uns das Leiden des schwierigen Zusammenlebens nah zu unserem Herrn Jesus, denn nichts vereint so mit Jesus und dem Vater, wie wenn wir als reumütige Sünder zu Ihm kommen. Dann ist Freude im Herzen Gottes! Diese Freude läßt Er auch in unsere Herzen einströmen. Jesus neigt sich in Liebe zu einer Seele hernieder, die sich vor Gott und Menschen unter ihre Schuld beugt. Er gibt dann Frieden und Freude, während wir vorher, als wir noch im Anklagen standen, friedlos und unglücklich waren.

Ja, wir können nur preisen, wenn Gott uns im Zusammenleben mit anderen Wege führt, auf denen wir ans Ende unserer Möglichkeiten kommen und in Seinem Licht unsere Schuld und Sünde erkennen. Denn dann erfassen wir Ihn in Seiner unendlichen Barmherzigkeit, Seinem Vergeben und Seiner Liebe. Durch dies Leid will Gott uns das größte Geschenk geben, das Er nur geben kann, und das ist die Liebe. Wenn Er uns voll Liebe, voll erbarmender Liebe macht gegenüber unserem Nächsten, der uns zu tragen gibt, werden wir die glücklichsten Menschen; denn nichts macht so glücklich wie lieben können – auch die, die uns kränken. Und als Liebende dürfen wir droben in Sein Reich der Herrlichkeit und Liebe eingehen und brauchen nicht draußen zu stehen. Was bringt uns also dies Leid des Zusammenlebenmüssens mit einem schwierigen Menschen? Unaussprechlichen Gewinn!

Angst

Dein großes Leiden ist die Angst – du bist gequält von der Angst, du bist wie gepeitscht von ihr; sie verdirbt dir alles, woran du Freude haben könntest, was dir sonst an Gutem gegeben ist. Denn es steht dir drohend vor Augen, wie von allen Seiten Verderben und Schrecken lauern, die dich und die Deinen überfallen wollen. So mag die Angst in dir aufsteigen vor schweren Krankheiten, vor finanziellem Bankrott durch steigende Inflation und zunehmende Unsicherheit unserer Existenz – es packt dich Angst vor Einbrüchen, Überfällen oder Terroranschlägen, die heute an der Tagesordnung sind – Angst vor dämonischen Mächten, vor Flüchen und Verwünschungen mit ihren schrecklichen Folgen – Angst vor Revolten, Straßenschlachten, Hunger – Angst vor drohender Christenverfolgung und vor einem Atom-Weltkrieg.

Jesus sagt selbst: »In der Welt habt ihr Angst« (Joh. 16, 33), und Er kündigt für die Endzeit an, in deren Beginn wir leben, daß Menschen aus Angst vor den Dingen, die noch kommen werden, »den Geist aufgeben« werden (Luk. 21, 26 nach Menge). Ja, Angst kann uns unsere Gesundheit kosten, Angst kann tödlich wirken. So ist festgestellt worden, daß Schock und Angst eine häufige Todesursache bei Verkehrsunfällen ist.

Wie kann man mit diesem großen Übel, diesem Leiden der Angst, fertig werden, gerade in unserer Zeit, vor allem wenn man eine besonders ängstliche Natur ist?

Da möchte ich ein Zeugnis geben, wie ich als ängstlicher Mensch die Angst überwand. Während des Zweiten Weltkrieges war ich im Reisedienst einer Missionsgesellschaft und dadurch viel unterwegs quer durch Deutschland. Wie oft erlebte ich Fliegeralarm und sogar Beschuß von Tieffliegern. Wenn dann die Angst aufstieg, half mir das Wort: Für Dich, Jesus, für Dich stehe ich in diesem Dienst voll Gefahren! Die Hingabe an Gottes Weg brachte mir Sein Nahesein, das alle Angst verbannte.

Doch dann erinnere ich mich an die Kubakrise 1962: Alles war in größter Aufregung und Angst, daß nun ein Weltenbrand ausbräche. In ihrer Bangigkeit kamen Menschen von auswärts zu uns und suchten irgendwie Bergung. Ich weiß noch wie heute, daß auch in mir die Angst hochstieg: Wenn nun wieder ein Weltkrieg ausbräche, würde er ungleich grauenhafter werden. Diesmal war ich nicht nur für mich verantwortlich, sondern für eine große Schar von Schwestern. Und die Angst vor kommender schwerer Zeit ist oft größer im Gedanken an die Unseren als für unsere eigene Person. Aber auch da war die Lösung das Erfahren der Gegenwart Jesu und die Gewißheit: Es kann mir – und den Meinen – nichts geschehen, als was Er hat ersehen und was mir heilsam ist.

Ja, Angst ist nur begründet, wenn wir Jesus Christus

aus unserem Denken und Glauben ausschließen. Doch wenn wir in das, was uns die Angst bedrohlich vor Augen stellt, Jesus einschalten, dann wird auf einmal alles anders. Dann wird die Unausweichlichkeit, mit der sich nach unserer Angstvorstellung das Furchtbare vollziehen muß, durchbrochen, und Er ist da. Wie bei Seinen verängstigten Jüngern tritt dann der Herr zu uns mit Seinem Wort: »Friede sei mit euch« (Joh. 20, 21). Durch Sein königliches Wort strömt Sein Friede in unser Herz hinein, und wir werden von Ihm erquickt. In dem Maß, wie wir glauben, daß die Not und das Grauen, vor denen wir Angst hatten, sich nicht mechanisch in ihrer Furchtbarkeit abrollen, sondern da hinein Er als der ganz andere tritt, verwandelt sich alles.

Jesus kommt zu uns als das Licht, das für uns das Dunkel erhellt – als der Friedefürst, der Frieden bringt – und die Angst weicht. Er tritt zu uns als der Helfer und läßt uns in dieser Not Hilfe erfahren. Wenn das Gefürchtete hereinbricht, dann ist Er, Jesus Christus, da, und Er handelt an uns nach dem Gesetz der Liebe, die helfen will. Er handelt an uns in Seiner Allmacht, die in größten Nöten und Grauen Wunder der Bewahrung schenken und uns da Hilfe geben kann, wo uns kein Mensch mehr helfen könnte. Durch Sein Nahesein erfüllt sich das Psalmwort: »Wenn ich mitten in der Angst wandle, so erquickst du mich und reckst deine Hand gegen den Zorn meiner Feinde und hilfst mir mit deiner Rechten« (Ps. 138, 7).

Angst verwandelt sich also in Getrostsein, wenn wir glauben, daß Jesus mitten in der Angst zu uns kommt. So geschah es bei den Jüngern auf dem See Genezareth, als die Wellen sie schier verschlingen wollten und sie vor Angst aufschrien. Da war plötzlich Jesus bei ihnen und sprach: »Seid getrost, ich bin's; fürchtet euch nicht!« (Matth. 14, 27). Es ist wie ein Befehl: Fürchtet euch nicht, denn wenn ihr euch fürchtet, straft ihr Meine Liebe mit Verachtung, als ob Ich Mich eurer in der Not nicht annehmen würde. Seid getrost! ruft Jesus auch uns zu. Er drängt zu dem hin, der in Not und Gefahr ist. Ja, wenn die Wogen sich aufs höchste erheben, dann kommt der, der ihnen gebietet und selbst das Steuer des Schiffes übernimmt. Er führt uns mit starker Hand über die Wellen. Keiner liebt uns so sehr wie unser Herr Jesus Christus. Sollte Er nicht fähig sein, unsere Angst zu vertreiben?

Angst kann uns auch nur soweit beherrschen, wie wir uns nicht hingeben zu dem Schweren, vor dessen Eintreten wir uns fürchten, dazu nicht ein »Ja-Vater« sprechen. Die mangelnde Hingabe rührt daher, daß wir der Liebe Gottes, des Vaters, nicht glauben, die uns nie über Vermögen versuchen lassen wird (1. Kor. 10, 13). »Furcht ist nicht in der Liebe« (1. Joh. 4, 18). Quälende Furcht, Angst vor dem Kommenden, wird weichen, wo ich andererseits in der rechten Gottesfurcht vor dem heiligen Gott stehe. Dann fürchte ich mich nicht mehr vor den Leiden der Zukunft, vor dem, was Menschen mir antun könnten, sondern davor, daß ich Gott betrüben und damit »verlieren« könnte durch Mißachtung Seiner Gebote oder durch unbereinigte Schuld. Habe ich Ihn »verloren«, so habe ich alles verloren. Habe ich Gott, so habe ich alles, wessen ich bedarf – auch in schwerster Zeit. »Ist Gott für uns, wer mag wider uns sein?« Dann kann ich mit dem Apostel Paulus rühmen: »Wer will uns scheiden von der Liebe Gottes?... Weder Tod noch Leben – weder Gegenwärtiges noch Zukünftiges...« (aus Röm. 8, 31–39).

Darum heißt es in Zeiten der Angst – im alltäglichen Leben und im Blick auf die bedrohliche Zukunft – vor allem dafür zu sorgen, daß Gott »für uns« sein kann, weil wir im Licht vor Seiner Heiligkeit und in immer neuer Reue leben. Dann dürfen wir Gott als unseren barmherzigen Vater und Jesus als unseren Erlöser erfahren und lieben. Wen ich aber liebe, dem vertraue ich. Und Jesus verheißt: »Wer mich liebt, der wird von meinem Vater geliebt werden... Wer mich liebt, der wird mein Wort halten, ...und wir werden zu ihm kommen« (Joh. 14, 21 u. 23). Dann wird also Gott zu uns kommen, und damit ist alle Not gelöst.

Dennoch: Angst ist ein Leiden. Aber es gibt kein Leiden, das nicht Segen in sich trüge und in dem nicht göttliche Freuden verborgen wären, also auch in der Angst: Der Friede, der über alle Vernunft geht, der Friede, der wie ein Strom aus Gottes Herzen in unser Herz fließt und ein großes Glück in sich trägt – der soll uns zuteil werden, wenn uns die Angst bedrängen will. Jesus ist ja unser Friede, und weil Er sich in solchen Zeiten der Angst besonders verpflichtet fühlt, zu uns zu kommen, werden wir dann diesen Frieden schmecken wie nie zuvor. Es ist ein Vorahnen davon, wie es in der Gottesstadt sein wird, in der Stadt des ewigen Friedens, da nichts an Angst und Not sich uns mehr nahen kann.

Diesen wunderbaren Frieden will der Herr dir schenken – Er, der selbst der Friede ist. Gerade in einer von Angst bedrohten Situation darfst du dies köstliche Geschenk im Glauben erwarten.

Krankheit

Du bist krank, voll der Schmerzen des Leibes – und das bringt dir zugleich Schmerzen der Seele. Denn die Krankheit reißt dich mehr oder weniger heraus aus deinem Familienleben, deinem Wirken oder was dich sonst erfüllte. Du kannst nicht arbeiten, wie du willst, bist in allem gehindert. Es war doch deine Freude, ein Werk aufzubauen, etwas Sinnvolles durch deine Arbeit auszurichten, vielleicht anderen dadurch zu helfen und sie zu erfreuen. Jetzt ist das alles nicht mehr möglich. Du bist anderen zur Last geworden, mußt bedient werden, bist abhängig von ihnen. So heißt dein Leben auf einmal: Leiden, Schmerzen aushalten, ausgeschaltet sein von dem erfüllten Leben der Gesunden.

Du hast vielleicht immer neu deine Hoffnung darauf gesetzt, daß ein guter Arzt dir durch seine Behandlung helfen könnte, ein besonderes Medikament die Heilung brächte. Oder du hast viel um Besserung gebetet und gehofft, daß unser Herr Jesus sich auch als Heiland deines Leibes erweisen würde und du nach Jakobus 5, 14 u. 15 durch Gebet und Handauflegung geheilt würdest. Aber alle deine Hoffnungen wurden bisher enttäuscht.

Doch sollte nicht auch in Krankheiten, bei denen noch keine Heilung abzusehen ist, sondern es vielmehr um Ausharren im Leiden geht, ein kostbarer Schatz verborgen liegen? Das kann nicht anders sein. Denn wiegt ein Leid schwer, so wiegt auch der Segen schwer, der darin verborgen ist.

So bezeugt es das Leben einer Amerikanerin, Joni, die infolge eines Unfalls an einer Querschnittslähmung leidet. Nach schweren Operationen und langen Krankenhausaufenthalten wurde sie schon als ganz junger Mensch an den Rollstuhl gefesselt und ist gänzlich auf die Hilfe anderer angewiesen. Doch dadurch hat sie zum lebendigen Glauben an Jesus Christus gefunden und im Ja zum Willen Gottes dies schwere Leiden bewältigt. Da sie ihr Zeugnis schriftlich niedergelegt hat und dies verfilmt wurde, reist sie damit jetzt sozusagen über die Erde und gibt allen die Kunde: »Ich sitze lieber in diesem Rollstuhl und gehöre Jesus, als daß ich Ihm auf meinen Beinen ein Leben lang davonlaufe.«*) Man muß es ihr glauben, daß sie glücklich ist, denn sie strahlt dabei und gibt dem Herrn damit die Ehre. Ja, welches Glück ist es, in Jesus alles zu finden – dagegen wird jedes Krankheitsleid klein.

Es kommt in unserem Leben darauf an, daß Gott verherrlicht wird. Das kann auf verschiedene Weisen geschehen: einmal, indem Gott uns durch Gebet und Handauflegung plötzlich Heilung schenkt, wie ich es einige Male erlebte. Aber ich mußte auch Krankheiten durchgehen, da der Herr nicht eingriff, sondern ich dies Leiden ganz auszukosten hatte. Dabei will Er sich verherrlichen – wie wir es auch bei Joni sahen –, wenn wir die Krankheit in der ganzen

*) Aus dem Film JONI, World Wide Pictures

27

Hingabe an Gott tragen. Dann empfangen wir selbst und andere den größten Segen, und es strahlt auf, wer und wie Gott ist. Dadurch kann Er viele zu sich rufen.

Was tröstete mich bei einer schweren Krankheit, da ich monatelang nicht nur wie eine Gefangene an mein Zimmer gefesselt war, sondern auch meist allein sein mußte, weil so gut wie kein Besuch erlaubt war? Was brachte mir einen Segen, den ich nie vergessen werde? An der Wand meinem Bett gegenüber hing ein Kruzifix. Da war es, als ob Jesus, der Gekreuzigte, mir sagte: Hast du dich nicht hingegeben, Mir nachzufolgen auf dem Kreuzesweg? Ich bin der Mann voll der Wunden und Schmerzen. Jetzt hast du die Möglichkeit, mit Mir zu gehen und anders denn zuvor Mein Leiden in dich aufzunehmen. Jesus als der Schmerzensmann kam mir in dieser Krankheitszeit ganz anders nah als vorher. So wuchs die Liebe zu Ihm und der Dank für Sein Leiden. Der Herr schenkte eine viel innigere Vereinigung mit Ihm. Ich wurde von nun an mehr als zuvor eins mit Seinem Willen und damit angeschlossen an Sein Herz. Ich erfuhr, welche Seligkeit das in sich schließt. Ja, diese lange Krankheitszeit lehrte mich, von einer Woche zur anderen neu meinen Willen hinzugeben und Geduld zu üben, als es immer nicht besser wurde.

So läutert uns die Krankheitszeit. Der Vater ist es, der sie uns schickt und darum auch die Bitte uns nahebringt: Übe dich jetzt in der Geduld, und du wirst

bereit werden, später in mancherlei Nöten und Leiden in Geduld auszuharren. Du wirst stark werden
durch die immer neu geübte Hingabe deines Willens
und in das Bild Jesu verwandelt werden, des allzeit
geduldigen Lammes Gottes; Seine Speise war, den
Willen Gottes zu tun.

Wie sehr dankte ich später für diese Übung der Geduld. Denn je mehr man gelernt hat, geduldig zu
sein und seinen Willen Gott hinzugeben in der Gewißheit: Sein Wille ist Güte, Sein Herz nur Liebe,
und gut sind die Wege, die Er führt, desto mehr
kann man in jeder notvollen Situation im Frieden
sein. Man steht über den Schwierigkeiten, man
weiß, Gottes Segen und Herrlichkeit ist darin verborgen. Weil Gott Liebe ist, hat Er nicht Gedanken
des Leides, sondern des Friedens und des Heils für
uns – so steht geschrieben (Jer. 29, 11). Es soll uns
alles – auch das Krankheitsleiden – zum Heil, ja zur
Glückseligkeit gereichen. Und das geschieht, wo
unser Wille hingegeben ist an Gott. Dann kann Er
uns das schenken, was Er sich erdacht hat, weil kein
Aufbegehren und damit kein Widerstand da ist;
dann strömt Sein Segen.

Wie bedeutungsvoll und segensreich schwere
Krankheiten im Angesicht des Todes sind, das erlebte ich mehrfach, als solche in unsere Schwestern-
familie hereinbrachen. Gott hatte sich bei einigen
meiner geistlichen Töchter erdacht, daß es eine
Krankheit zum Tode sei; der Herr rief die Schwestern zu sich heim. Aber die schwere Krankheitszeit

vorher, da der Herr trotz Gebet und Handauflegung nicht eingriff, weil Er ihren Heimgang beschlossen hatte, war die Bereitungszeit für die Heimkehr. Und dann durften wir etwas von unaussprechlicher himmlischer Herrlichkeit miterleben. Bei der einen Schwester lag schon einige Wochen vor ihrem Tod solch ein Glanz auf ihrem Angesicht, daß jeder, der in ihr Krankenzimmer kam, es kaum fassen konnte, so spürbar war der Himmel herniedergekommen. Nicht nur wir, sondern auch Besucher staunten, was der Herr hier getan hatte. Über einer anderen Schwester lag dies Strahlen so stark, daß nach ihrem Heimgehen der Herr vom Beerdigungsinstitut, der doch in Jahrzehnten unzählige Tote gesehen hatte, ganz erstaunt sagte: »Wie sieht die Schwester so glücklich aus!« Dieses Glück, nun bei Jesus in Seiner Herrlichkeit sein zu dürfen, war schon 20 Minuten vor ihrem Tod in ihrem Angesicht aufgeleuchtet und lag noch auf ihr, als sie gestorben war.

Sicher hatten diese Schwestern sich ihr Leben lang durch Reue und Glauben vorbereitet, dem Herrn zu begegnen, wenn ihr Tag gekommen ist; aber die Zeit schwerster Krankheit – bei manchen Monate oder sogar Jahre, bei anderen wenige Wochen – brachte diese letzte innerste Bereitung. Dadurch brach dann bei ihrem Tode solch eine Herrlichkeit auf, und – was das Entscheidende ist –, nun dürfen wir sie an dem Ort wissen, da die Jesus schauen, die zu Überwindern geworden sind. Sie dürfen bei Ihm sein allezeit.

Große Gnade liegt also im Leiden der Krankheit verborgen! Wie viele Menschen haben bezeugt, ob ungläubig oder sogar gläubig, daß sie, solange sie gesund waren, aufgingen in ihrer Arbeit, in ihrer Familie, in allem, was ihr alltägliches Leben brachte, und den Tag über wenig in der Gemeinschaft mit Gott und unserem Herrn Jesus lebten oder sogar ganz fern von Ihm waren. Und dann kam eine längere Krankheitszeit, vielleicht sogar eine schwere Zeit der Leiden, während der man stillgelegt war. Da auf einmal fand eine Begegnung mit Gott statt. Der Kranke wurde vor die Heiligkeit Gottes gestellt, besonders auch wenn er mit seinem Heimgang rechnen mußte, und es gab ein inneres Aufwachen, ein Erkennen der Sünden, des Abweichens von Gott, daß man mit Gedanken, Worten und Taten nicht als ein Jünger Jesu gelebt hatte. Es folgte eine Reue, die zur Beichte und Umkehr führte, bei manchen eine völlige Erneuerung ihres Lebens. Wie viele haben schon gesagt: »Das habe ich dem Krankheitsleiden zu verdanken, das Gott mir auferlegte. Diese Krankheit hat mir einen Segen gebracht, der unaussprechlich ist.«

Außerdem wird etwas davon wahr: »Wer am Fleisch leidet, der hört auf mit der Sünde« (1. Petr. 4, 1). In einer Zeit des Stillgelegtseins werden wir nicht nur anders als sonst unserer Sünde überführt, sondern oft leiden wir auch an den Gliedern, mit denen wir gesündigt haben. Wir können nicht mehr viel sprechen – und wozu hatten wir bisher unsere Zunge gebraucht, da wir doch einst über jedes unnütze Wort Rechenschaft ablegen müssen (Matth. 12, 36)? Wir können mit unseren Füßen nicht mehr hierhin oder dorthin gehen. Wohin sind unsere Füße geeilt? Oft dahin, wo Gott nicht wollte, daß wir hingehen sollten. Wozu haben wir unsere Hände gebraucht? Oft nur, um für uns und für unsere Familie zu schaffen; aber immer wieder haben wir nicht daran gedacht, daß wir alles, was wir tun, in Liebe zu unserem Herrn Jesus und zu Seiner Ehre tun sollten.

In solchen Krankheitstagen steht dann vielleicht auf einmal das Wort vor uns: »Was der Mensch sät, das wird er ernten« (Gal. 6, 7) – ernten für eine Ewigkeit. Gott läßt sich nicht spotten. Wenn unsere Arbeit und unser ganzes Leben vom Heiligen Geist geführt war, werden wir im Himmel eine Ernte ewiger Freude bekommen, einen Lohn voll der Herrlichkeit. Wenn wir aber nach den Trieben unseres Fleisches, von unserem Ichgeist, unserem alten Menschen bestimmt, in mancherlei Sünden gelebt haben (siehe Gal. 5, 19–21), wird unsere Ernte das Verderben sein. Welche Gnade, wenn die Krankheitszeit dann noch eine letzte Chance der Umkehr gibt.

Aber nicht nur Umkehr, nein – wie schon gesagt – tiefere Hinkehr zu Jesus wollen die Krankheitsleiden uns bringen. Das kann auch geschehen, wenn wir erleben müssen, wie andere unwillig über uns werden, weil wir ihnen zur Last fallen. Oder manche vergessen uns, die früher mit uns zusammenarbeiteten oder uns näherstanden. Das tut weh. Es wird offenbar, wie schnell menschliche Liebe vergeht. Doch dann steht der Herr Jesus vor uns und bittet: Wende dich mehr Mir zu, suche Mich, so wirst du in Mir alles finden, was dein Herz sucht. Denn in Ihm ist volle Genüge und Erfüllung (Joh. 10, 11). So können wir durch die Krankheitsleiden lernen, Jesus mehr zu lieben, und dann werden wir auch mehr Seine Liebe schmecken.

Die Schätze, die in der Krankheit verborgen sind, haben also kaum ein Ende; denn wenn wir selbst krank sind und am Leibe leiden, werden wir barmherziger und können die anders verstehen, die auch krank und elend sind. Und wieviel segensreiche Fürbitte, seelsorgerliche Hilfe, Rat und mutmachendes Zeugnis ist schon von Kranken ausgegangen, weil sie in dieser Läuterungzeit der Stille anders als zuvor an Gottes Herz angeschlossen wurden. Darum wurden schon manche Krankenzimmer zur geistlichen Oase für ihre Umgebung.

Krankheit – ein Leiden? Ja, ein Leiden, oft ein schweres Leiden, aber gerade darum wiegt – wie gesagt – auch der Segen schwer und sind größte Kostbarkeiten darin verborgen. Darum gilt: »Leiden, wer ist deiner wert? Hier nennt man dich eine Bürde, droben bist du eine Würde, die nicht jedem widerfährt« (n. K. F. Harttmann). Doch schon hier kann ein dem Willen Gottes hingegebener Kranker einen Strahl der ewigen Herrlichkeit erfahren, und erst recht wartet droben große Herrlichkeit auf ihn.

Siehe auch M. Basilea Schlink, Krankentrostbüchlein

Elendsein

Du sagst: Ich kann fast nicht mehr, ich habe keine Kraft; ja, ich bin schier kein Mensch mehr, schleppe mich nur so durch den Tag. Vielleicht ist diese Schwäche von einer Krankheit zurückgeblieben, oder das Alter hat sie gebracht. Aber auch junge Menschen sind heute schon elend und kraftlos, ist doch die jetzt aufwachsende Generation – von Umwelt- und anderen Zivilisationsschäden geprägt – körperlich oft schwächer, als es die Menschen früher waren. Solch ein Elendsein ist zermürbend und manchmal schwerer zu ertragen als eine Krankheit, besonders wenn es längere Zeit nicht von uns genommen wird, wir aber doch nicht wie Kranke abschalten können, sondern die Alltagsverpflichtungen in Familie, Beruf usw. bleiben. Deshalb sehnst du dich danach, wie andere im Vollbesitz der Kräfte wirken zu können. Vielleicht hast du schon viel gebetet, daß der Herr dir doch das Elendsein nehmen möchte – oder du hast schon mancherlei an äußerer Hilfe versucht, was dich stärken sollte –, aber das Elendsein blieb.

Ich kenne diesen Zustand und weiß, wie er uns quälen kann, durfte aber auch erleben, wie er bewältigt werden kann und welch einen Schatz Gott auch in diesem Leiden verborgen hat. Weil ich schon in jüngeren Jahren eine sehr zarte Gesundheit und mancherlei Gebrechen hatte, wußte ich oft nicht, woher ich die Kraft nehmen sollte für meine vielen Aufgaben in der Verantwortung für unser größer werdendes Werk. Wie sollte ich in meinem elenden Zustand diesen großen, weltweiten Auftrag bewältigen, der ein Übermaß von täglicher Arbeit mit sich bringt? Ich konnte ja kaum mehr.

Da half mir Jesus mit etwas, was mir eine große Stärkung in meinem Elendsein bedeutete. Er ließ mir ein Wort aus der Heiligen Schrift besonders aufleuchten, das sozusagen zu meinem Wort und zu einer Wirklichkeit in meinem Leben wurde. Ich erfuhr es in überwältigender Weise. Es war das Wort: »Meine Gnade ist für dich genügend; denn meine Kraft gelangt in der Schwachheit zu voller Auswirkung« (2. Kor. 12, 9). Das löste einen Triumphgesang in meinem Herzen aus: Wenn Deine Kraft gerade in meiner Schwachheit zur Auswirkung kommt, dann kann ich ruhig schwach sein. Denn Du willst dann gerade in mir und durch mich Deine Kraft offenbar machen, die viel stärker ist als meine Kraft. Welch eine Verheißung!

Ich sagte dem Herrn voll Dank: Jetzt bist Du es, der mit Seiner Kraft in mir wirken will – ich bin nicht mehr angewiesen auf meine kleine Kraft und meine begrenzten Möglichkeiten. Ich nahm diese Zusage des Herrn im Glauben fest in mein Herz. Wenn ich nun erfuhr, daß ich fast nicht mehr konnte, halfen mir jedesmal drei Worte, die ich dann immer wiederholte: Jesus, meine Kraft – Jesus, meine Kraft! Oder: In Deinem Blut ist Kraft! – Und tatsächlich strömte dann neue Kraft, Seine Kraft, in mich ein.

Welch ein Trost für alle, die das Elendsein auskosten müssen: Jesus will uns mit Seiner Kraft beschenken, die ausreichend für uns ist, ja, die wirksamer an mir ist, als wenn ich selbst stark wäre. So können wir sagen: Herr Jesus, das glaube ich, ich erwarte es! Und wenn wir im Glauben immer wieder aussprechen: Jesus, meine Kraft!, dann dürfen wir tatsächlich erfahren, daß ein göttlicher Lebensstrom von Ihm, dem Auferstandenen, uns durchströmt. Das schließt auch eine Verheißung für die Zukunft in sich, wenn wir in kommender Notzeit sicher noch viel körperliches Elendsein durchleiden müssen, aber dann mit der Kraft Gottes rechnen dürfen.

Es ist wirklich eine wunderbare Erfahrung, die uns gerade dieses Leiden einbringt. Wer will dann nicht zum Elend- und Schwachsein ein Ja haben, wenn Seine Kraft sich an uns so wundersam auswirken will! Damit erleben wir Jesus als unseren mächtigen Herrn, dadurch lernen wir Ihm mehr vertrauen, Ihn mehr lieben und werden inniger mit Ihm vereint. Das erfuhr ich immer wieder in Zeiten des Elendseins. Und dann klang in meinem Herzen auf – wie eine leise Melodie, die ich immer wiederholen mußte: Mein Herr Jesus, Dir darf ich dies kleine Opfer bringen, meine Arbeit in diesem Zustand zu tun, gerade wenn es mich etwas kostet. Du gibst mir damit eine Möglichkeit, Dir meine Liebe zu erweisen und darin nahe bei Dir zu sein. So ist auch in diesem Leid wieder ein großer Segen verborgen, ja etwas, was uns sogar reiche innere Freude bringt. Solch ein Gott ist unser Vater, so ist unser Herr Jesus – eitel Liebe! Je größer das Kreuz ist, desto größere Herrlichkeit kommt daraus, und wir erleben schon hier auf Erden etwas vom Himmel.

Einsamkeit

Du bist so allein, die Einsamkeit nagt an deinem Herzen, du kannst sie kaum noch ertragen. Der, den du liebst, der dir alles Glück bedeutete, wurde dir durch den Tod entrissen – nun bist du allein. Oder deine Ehe ist zerbrochen, du bliebst allein in großem Leid zurück. Oder du bist alleinstehend, hast keine Freunde, die dich liebend umgeben. Oder du bist alt, kaum einer fragt nach dir, von keinem bist du gewollt, keiner braucht dich. Wie es auch sei – du hast das Leid der Einsamkeit bitter auszukosten. Ich kann es nachfühlen, denn auch ich habe etwas davon durchleiden müssen.

Aus einem reichen und sinnerfüllten Leben, als geistliche Mutter geliebt und gebraucht von einer großen Schar Schwestern, rief mich der Herr Anfang der fünfziger Jahre plötzlich in ein Leben der Einsamkeit. Es hieß für mich, mitten aus solch glücklicher Gemeinschaft heraus Ihm dies alles zu schenken und viele Jahre hindurch jeweils monatelang in die Stille zu gehen. Für Ihn sollte ich ganz dasein im Gebet und dann das schreiben, was Er mir auftrug, als geistliches Zeugnis weiterzugeben. Dafür sollte ich abgesondert von den Meinen allein in meinem Zimmer bleiben. Ich gab dem Herrn mein Ja zu diesem Weg. Aber ich ahnte vorher kaum, wie schwer der Weg der Einsamkeit ist. Jetzt war keiner da, mit dem ich mich austauschen konnte.

Jetzt war ich nicht wie vorher glücklich vereint mit meinen Töchtern, sei es im Singen und Anbeten, im Feiern von Himmelsfesten und ähnlichem. Jetzt war ich nicht dabei, wenn verantwortliche Entscheidungen für unser Haus und Werk besprochen wurden. Ich war allein in meinen vier Wänden. Und wenn dann auch noch der Herr Jesus mir so fern schien, nagte die Einsamkeit an meinem Herzen.

Mit vielen meiner Brüder und Schwestern, die – wenn auch aus anderen Gründen – allein sind, mußte ich auskosten, welch ein Leid die Einsamkeit ist. Ich weiß, wie sie das Herz schier erdrücken und gleichsam töten kann. Sie ist wie ein wildes Tier, das sich auf einen stürzt und schier verschlingen will. Darum möchte man an den »Gefängnisgittern« der Einsamkeit rütteln und aus diesem Leben der Einsamkeit ausbrechen.

Doch etwas half mir, daß dieses Leid mir zum Gewinn wurde und Wunderbares daraus hervorbrach. Auf welchem Weg geschah es, daß mir der Weg der Einsamkeit zu einem kostbaren Geschenk wurde? Eines Tages war es, als ob der Herr mir sagte: Du sehnst dich nach der Liebe von Menschen und nach der Gemeinschaft mit ihnen. Liebe Mich um so mehr, und du wirst Mich erfreuen und trösten; und durch diese Liebe, die du Mir gibst, wirst auch du um so reicher und glücklicher werden. – So fing ich an, unserem Herrn Jesus Lieder der Liebe zu singen, Lieder, mit denen ich Sein Herz zu trösten suchte, Trostlieder für Ihn, der so allein und verlassen, ungeliebt von uns, Seinen Menschen, ist, für die Er doch aus Liebe gestorben ist. Es waren Lieder wie:

Mein Jesus will getröstet sein,
der heute so voll Leid und Pein.
O Seele, hebe an dein Lied,
welch Trost hast du für Ihn bereit?

Ich tröste Ihn, daß ich zur Stell
und immerdar Sein Leidsgesell,
ich laß Ihn keine Stund allein –
mag das Ihm wohl die Tröstung sein?

Ich tröste Ihn, sag meinen Dank
für alles Gute mein Leben lang,
das ich empfing von Seiner Lieb –
ob nun mein Jesus noch betrübt?

Ich tröste Ihn, sing Ihm ein Lied
in tiefer Nacht von meiner Lieb.
Das rührt Sein Herz, es siehet an
die Treue, die Ihm wohlgetan.*)

Dabei wurde ich selbst reich getröstet. Jesus neigte sich zu mir hernieder, und in der Einsamkeit fand ich die wahre Gemeinsamkeit mit Ihm – ein Glück, das ich in der innerlichsten Gemeinschaft mit Menschen nicht geschmeckt hatte.

*) Aus: Könnt ich Dich trösten . . . Lieder der Liebe zu Gott in Seinem Leiden heute

Und das nicht allein, aus dieser Gemeinsamkeit mit Ihm, die ich bei dem Opfer und Verlust der Gemeinsamkeit mit Menschen erfahren durfte, strömte dann – was ich damals nicht ahnte – viel Segen auf andere. Denn aus Opfer bricht Leben auf, göttliches Leben, auch für andere. Ich konnte vielen von dem weitergeben, was Jesus mir in der Stille erschloß – und mein Herz wurde bei dem Opfer, das aus Liebe zu Jesus nun Ihm als Geschenk gebracht wurde, voll Frieden und Freude.

Das soll nun in irgendeiner Weise bei jedem von uns geschehen. Denn Seine Liebe hat sich Wege der Einsamkeit für uns erdacht, nicht daß unser Herz sich dabei quälen oder bitter werden sollte, sondern daß wir auf solchen Wegen uns Ihm mehr zuwenden, Ihn suchen. Jesus wird sich finden lassen, sich selbst uns schenken und damit unser Herz voll Frieden und Freude in Ihm machen. Jeder Weg, den Gott als unser liebender Vater uns führt, schließt einen weisen Plan in sich und bringt uns zu einem wunderbaren Ziel, daß wir da, wo wir einen Verzicht oder Verlust durchleiden müssen, dann um so reicher beschenkt werden von Seiner Liebe.

Du brauchst nur eines zu tun: Deine Liebe Jesus zu schenken. Jesus verlangt nach deiner Liebe. Er liebt dich so sehr und wartet darauf, daß Er von dir geliebt wird. Tue es, und deine Einsamkeit verwandelt sich in die Gemeinsamkeit mit Ihm und bringt dir ewiges Glück. Aus dieser Gemeinsamkeit mit Jesus heraus wirst du Wege finden, anderen Liebe zu erweisen – auch durch die Fürbitte –, und es bleibt gar kein Raum mehr, darüber nachzudenken, wie einsam du sein mußt, ohne die Liebe von Menschen zu empfangen. Dann wird dein Leben in der Liebe zu Jesus und zu den Menschen voll Frucht werden, und mit einer reichen Ernte wirst du einst heimkehren dürfen.

Anfechtung

In großem Anfechtungsleid, da du die Wege Gottes und Sein Tun nicht mehr verstehen kannst, zerquält sich deine Seele, warum Gott schweigt, warum Er in deinem Leben nicht eingreift und hilft, warum alles so sinnlos ist, warum auch im heutigen Weltgeschehen das Böse immer mehr siegt.

Vielleicht quälst du dich auch mit den Fragen, ob deine Sünden dir wirklich vergeben sind – ob eine Entscheidung, die du getroffen hast, oder wie du an einem Menschen handeltest, richtig war – ob du in einer bestimmten Lage den rechten Weg eingeschlagen hast. Und du kommst nicht zur Ruhe über diese Anfechtungen. Du bist in solchen Gedanken gefangen wie in einem Teufelskreis, dein Geist und deine Seele leiden unsagbar.

Doch Gott, der ein Vater ist und dich liebt, will nicht, daß du dich in den Anfechtungen zerquälst. Er will dir heraushelfen aus diesem Teufelskreis, so daß du die Anfechtung überwindest und einst die Krone des Lebens erlangst, die denen verheißen ist, die sich in Anfechtungen bewährten (Jak. 1, 12).

Darum gilt, was ich durch die Seelsorge bei vielen miterlebte: Wenn du den Anfechtungen nachgibst und alles für dich Ungelöste immer wieder neu in deinen Gedanken bewegst, wirst du nie eine Lösung finden. Im Gegenteil, der Ring zieht sich immer enger zusammen, die quälenden Gedanken werden dich noch schier zur Verzweiflung bringen.

Doch der Herr zeigt uns den entscheidenden Schritt aus diesem Leid heraus, nämlich: dem Weiterspinnen dieser quälenden Gedanken in Jesu Namen Halt zu gebieten, ihnen abzusagen und sich – jedesmal, wenn sie wiederkommen – konsequent von ihnen abzuwenden. Ja, es geht darum, ihnen im Namen Jesu zu gebieten: Weicht, ihr vom Feind mir eingegebenen Gedanken – Gott hilft, Er zeigt, was recht ist! Es bedarf hier einer immer neuen Entschlossenheit, aus den eigenen Gedanken, ja diesem Teufelskreis herauszutreten und sich einem anderen zuzuwenden: Jesus.

So ist auch für dich der nächste Schritt: Fange an, Jesus all deine Anfechtungen auszubreiten, mit Ihm darüber zu sprechen, zu Ihm zu beten. Auf diese Zuwendung zu Ihm wartet Jesus, denn es steht geschrieben: »Widerstehet dem Teufel, so flieht er von euch; nahet euch zu Gott, so naht er sich euch« (Jak. 4, 7b u. 8a). Dabei dürfen wir uns darauf stellen, daß Jesus, der versucht war gleichwie wir, aber ohne Sünde, uns helfen kann, wenn wir angefochten werden (Hebr. 2, 18; 4, 15). Als der Hohepriester hat Er Mitleid mit uns und will uns helfen. Doch wir müssen auch erwarten, daß von Ihm die Antwort und Lösung kommt. Sie kommt gewiß, denn Gott, der allein Weise und Allmächtige, hat für jede Not, die du nicht zu lösen weißt, eine Lösung bereit. Und weil Gott dich liebt, wird Er dich nicht im Ungewissen lassen, ob du hier oder da recht entschieden hast oder wie du in diesem Fall dich entscheiden oder handeln sollst. Denn Er ist das Licht und die Wahrheit, so wird Er dich in alle Wahrheit leiten. Das erfuhr ich immer wieder in meinem Leben, da ich vor vielen schwerwiegenden Entscheidungen stand, bei denen einander widersprechende Ratschläge mich anfechten wollten.

Wenn du dich quälst, ob eine Entscheidung von dir richtig war, ob du hier oder da den rechten Weg einschlugst, einen Menschen richtig behandeltest, so stelle dich auf das Wort der Heiligen Schrift, das auch für deine Anfechtung gilt: »Er führet mich auf rechter Straße um seines Namens willen« (Ps. 23, 3). An dieses Wort klammerte ich mich jedesmal, wenn solche Anfechtungsgedanken mich quälen wollten. Und ich erfuhr, daß diese wichen, wenn ich dem Herrn sagte: Ein Vater läßt sein Kind, das ihn bittet, ihm den rechten Weg zu zeigen, nicht auf einem Irrweg gehen, ohne es sofort zurückzurufen. Das tut unser Vater im Himmel nie, darauf können wir uns verlassen. Wenn wir vorher dem Herrn unseren Willen völlig ausgeliefert hatten und Ihn baten: Zeige Du mir den rechten Weg, die rechte Entscheidung!, dann lenkt Er zu dieser oder jener Entscheidung. Und wenn der Feind deine Gedanken weiter in sein Netz ziehen will, so sage immer neu: Mein Vater, der mich liebt, läßt mich keinen falschen Weg einschlagen. Darum ist meine Entscheidung richtig gewesen. Denn wenn sie falsch gewesen wäre, würde Er es mir ganz klar und eindeutig zeigen. Doch wenn du Gott vor einer Entscheidung nicht um rechte Führung gebeten und vielleicht eine eigenwillige Entscheidung getroffen hast, was dich nun quält, dann ist der nächste Schritt für dich, in Reue deine Schuld zu Jesus zu bringen. Und da gibt es wiederum nur eine Antwort: Wenn es dir von Herzen leid ist und du bereit bist zur Umkehr und – wo möglich – zum Wiedergutmachen, dann spricht Jesus: Diese Sünde ist dir vergeben! Er sieht dein gedemütigtes, zerbrochenes Herz an, und du darfst glauben, daß Er alle Folgen deiner sündhaften, eigenwilligen Entscheidung dann unter die Bedeckung Seines Blutes nimmt. So weichen die Anfechtungen, und Sein Friede wird dir geschenkt.

Nun gibt es noch besondere Anfechtungen, die kommen, wenn wir einen schweren, uns sinnlos dünkenden Weg zu durchgehen haben. Auch bei solch quälenden Anfechtungsgedanken heißt es: Du selbst kannst hier keine Lösung finden; die Hilfe kann nicht von dir kommen – aber von dem Herrn, dessen Gedanken unendlich viel höher sind als unsere (Jes. 55, 9), von dem ganz anderen, der in Seiner Weisheit, Allmacht und unbegrenzten Liebe dir die Lösung bringen kann und will. Gottes Fußspuren sind gleichsam in tiefen Wassern verborgen, man kann sie nicht sehen und weiß nicht, wohin sie gehen. Doch sie führen deinen Weg klar zu einem Ziel hin, das sehr wunderbar ist; das ist gewiß.

So wolle nicht ergründen, warum der Herr dich solch einen Weg führt, der dich sinnlos dünkt, der jetzt durch Dunkel und Wirrnisse geht und dessen

Ausgang dir verborgen ist, sondern vertraue! Wisse, weil Er der Allweise ist, der Ewige, der liebende Gott, dein Vater, dessen Herz nur Liebe und dessen Wille nur Güte ist, leitet Er dich nach ewigem, weisem Ratschluß zu einem wunderbaren Ziel, auch wenn du meinst, daß du wie in einem Irrgarten herumläufst. Gott, der die Wahrheit und Liebe ist, führt Sein Kind nie in einen Irrgarten – und darum auch dich jetzt nicht. Es scheint dir nur so. Vertraue und warte eine Zeitlang ab, und du wirst feststellen, daß dieser scheinbar so sinnlose Weg tiefsten Sinn in sich schloß und dir ein Ausgang bereitet wird, der dich staunen läßt – denn bei Gott ist das Leid nie das Letzte.

So setze dich, statt in diesen Anfechtungsgedanken herumzuwühlen und davon gequält zu werden, in das Schiff der Gottesliebe, dessen Steuermann Jesus ist. Dann wirst du ans herrliche Ziel gelangen und sehen: Alles, was aus den Händen des Vaters kam, war voll ewiger Weisheit und aus Seinem liebenden Herzen geboren, um deinen Weg nach Seinem Plan zu wunderbarer Vollendung hinauszuführen.

Darum wolle Gott nicht verstehen; du kannst es mit deinem kleinen Verstand doch nicht, da du ein sterblicher Mensch, ein Geschöpf bist, das begrenzt ist in allem Wissen und Denken. Aber Gott, der Allweise, Allmächtige, ist der ewige Gott, der Himmel und Erde geschaffen hat. Statt an Seiner Liebe und Weisheit zu zweifeln, frage dich, ob und wieweit hinter deinen Anfechtungen Eigenwille oder Trotz steht. Du wehrst dich vielleicht im Grunde gegen eine Führung Gottes, ein Kreuz, das Er dir auferlegt. Du weichst dem aus, indem du eine »Anfechtung« daraus machst und dir einredest, du wüßtest nicht, was Gottes Wille sei. Oder du rebellierst, daß du hier und da keine Klarheit hast über das »Warum« eines Weges, wo es darum geht, deinen Willen ganz dem Willen Gottes hinzugeben, Ihm zu vertrauen und zu warten, bis Seine Stunde der Hilfe oder der Klärung da ist. So wolle Ihn nicht verstehen, sondern vertraue Ihm und Seiner Liebe und gehe im Gehorsam den Schritt, der als nächstes vor dir liegt – und die Anfechtungen müssen weichen; ja, du wirst Gott näherkommen als zuvor. Sprich darum immer neu:

Mein Vater, ich verstehe Dich nicht,
aber ich vertraue Dir.

Schwierige Veranlagung

Wie viele seufzen unter Schwierigkeiten, die sich aus ihrem Charakter ergeben und oft durch angeborene, vererbte Schwächen und Bindungen bedingt sind. Manche haben diese Charakterschwächen selbst erkannt und leiden darum darunter; andere leiden an den Folgen, daß sie sich durch ihre schwierige Natur und Veranlagung viel Liebe und Sympathie in ihrer Umgebung verscherzen. Welche Not ist es zum Beispiel, wenn jemand es nicht fertigbringt, ruhig zu bleiben, wo ihm etwas in die Quere kommt oder wo er angegriffen wird, sondern mit einem Zornesausbruch reagiert. Das kann wie eine Macht, wie ein Feuer in einem Menschen sein, das aus seinen Worten, aus seinem ganzen Wesen herausbricht. Und schon ist es geschehen: Andere sind dadurch zutiefst gekränkt, ziehen sich zurück und haben Bitterkeit gegen ihn im Herzen.

Oder da ist jemand von Natur so empfindlich, daß er immer neu meint, etwas, was sachlich gesagt wurde, wäre gegen ihn gerichtet – auch wenn dies gar nicht der Fall ist. Er ist empfindlich, weil sein Hochmut es nicht ertragen kann, daß man an ihm eventuell etwas auszusetzen hätte. Manche kommen auch leicht unter Bedrückungen, werden innerlich dunkel und kapseln sich von der Gemeinschaft ab, in der sie leben. Ja, sie werden depressiv, nur weil sie es nicht ertragen können, nicht die zu sein, die von ihrer Umgebung Liebe, Ehre und Anerkennung bekommen, nach der sie sich im Grunde sehnen. Vielleicht sind ihnen diese Motive gar nicht bewußt, sie spüren nur, daß sie aus den Depressionen nicht herauskommen. Ihre Natur ist daran wie gebunden. Andere wieder ersehnen sich, doch in Harmonie mit Gott und Menschen leben zu können, aber es gelingt ihnen nicht; denn in ihnen ist solch ein Eigenwille und rebellischer Geist, daß bei allem, was Gott an Nöten und Schwierigkeiten schickt, gleich rebellische Gedanken aufsteigen. Oder wenn ihnen Menschen in der Familie, im Beruf oder sonstwo dies und jenes sagen, sie korrigieren oder nicht alles so machen, wie es nach ihrem Sinn ist, steigt die Rebellion in ihnen hoch und entlädt sich sehr oft in unguten Worten.

Wenn uns solche Charakternöte prägen, haben die Menschen nur ein Urteil über uns: Der ist aber schwierig! Das heißt, es ist sehr schwer, mit ihm umzugehen, ihn zu ertragen. Das ist ein Leiden für beide Seiten – für die Umgebung, aber auch für den Betreffenden selbst. Und dies Leiden haben viele Menschen zu durchstehen, denn wir tragen alle – mehr oder weniger ausgeprägt – unser sündiges Erbgut in uns: Sei es das harte Herz, die selbstgefällige Art, Menschengefälligkeit oder Menschenfurcht, die uns entsprechend reagieren läßt, das feige Herz, die triebhafte Natur, ein Herz, das voll von Bitterkeit, Anklagen und Richten ist, voll Neid und Mißgunst. So könnten wir fortfahren.

Sollte das nicht ein großes Leid sein? Jeder von uns, wenn er es sich auch nicht eingestehen mag, leidet irgendwie unter seiner sündigen Natur. Denn Sünde hat immer eine zerstörende Macht. Sie zerstört den Frieden mit anderen, die Gemeinschaft mit ihnen, zerstört etwas im eigenen Herzen an Frieden und Freude und verdirbt anderen die Freude. So kann ein herrschsüchtiger und eigenwilliger Mensch jedes Zusammensein verderben durch sein Herrschen- und Bestimmenwollen.

Wer Augen hat zu sehen, der sieht, wie die Sünde diese zerstörende Macht in sich trägt und damit wirklich etwas Leidvolles und Leidbringendes ist – gerade die so tief in uns sitzende Wesenssünde. Wie leicht steigen da der Neid und das Selbstmitleid auf: Der andere hat diese Sündengebundenheiten in seiner Natur nicht! Oder wir machen es uns oft erst recht schwer, indem wir uns in Mutlosigkeit, Resignation, ja Verzagtheit fallen lassen: Wie soll man je zu einem Überwinder werden? Wie soll man je zu einem brauchbaren Glied der Gemeinde, zu einem Zeugnis für Jesus werden, wozu wir doch gesetzt sind? Wie soll man je in der kommenden Christenverfolgung bestehen? Ja, vor allem, wie soll man das Ziel erreichen, einmal in die ewige Herrlichkeit, in die Gottesstadt einzugehen, da geschrieben steht, daß nur die, die überwunden haben, dort ihr Wohnrecht haben werden? (Offb. 3, 12). Meinen wir doch, mit eisernen Fesseln an diese bestimmte Sünde unseres Wesens gebunden zu sein.

Und dennoch ist es eine Wahrheit und Wirklichkeit, daß selbst in dieser und jener sündigen Veranlagung, in meiner schwierigen Natur ein großer Schatz verborgen liegt. Ich muß ihn nur heben. Wieso? Nur die Sünder, die Kranken, treibt es zum Arzt (Luk. 5, 31–32); nur sie können den Weg zu Ihm finden und so Jesus als Heiland kennenlernen. Nur sie können Seiner Hilfe und Seiner Erlösung teilhaftig werden. Nur solche, die spüren, wie unerlöst sie sind, brauchen einen Erlöser, und schwierige Charaktere sind typisch unerlöste Menschen. Ihnen gehören die Zusagen Jesu, daß Er gekommen ist, uns von unseren Sündenketten zu befreien und zu wahren Erlösten zu machen (Joh. 8, 36). Also die werden am meisten Erlösung durch Jesus erfahren und dadurch am meisten Ihm zur Ehre werden, die am meisten unter ihren Sündenbindungen leiden; denn an ihnen wird offenbar, wie groß die Erlösermacht Jesu ist. Sie können ja nur durch Sein kostbares Blut zu ganz verwandelten Menschen werden.

Das gilt gerade auch für unsere angeborene schwierige Natur, die uns oft von Vorvätern her vererbt ist. Wie wunderbar leuchtet da die Verheißung des Wortes Gottes auf: »Ihr wißt ja, daß ihr von eurem eitlen Wandel, den ihr von den Vätern her überkommen hattet, nicht mit vergänglichen Dingen, mit Silber oder Gold, losgekauft worden seid, sondern mit dem kostbaren Blute Christi als eines fehllosen und unbefleckten Lammes« (1. Petr. 1, 18. 19). Wenn uns Satan immer wieder festhalten will in unseren Sündenbindungen, so dürfen wir ihm entgegenhalten: Ich *bin* losgekauft – der Kaufpreis ist bezahlt.

Aber dieses Leiden unter der schwierigen Natur birgt noch einen anderen Schatz in sich: Wo ich so sehr die Ketten meiner Veranlagung spüre, da bin ich aufgerufen zum Kampf des Glaubens. »Kämpfe den guten Kampf des Glaubens« (1. Tim. 6, 12), ruft der Apostel Paulus uns zu; und nur wer recht kämpft, der wird gekrönt (2. Tim. 2, 5). Im Glaubenskampf liegt die große Verheißung, daß wir dadurch zum Sieger werden. Der Glaubenskampf wird von Gott so hoch gewertet, daß sozusagen in diesem Kampf schon der Sieg verborgen liegt. Wie wunderbar! Wer wird zum Kämpfen aufgerufen? Doch nur der, der es nötig hat, gegen seine schwierige Veranlagung zu kämpfen. Die harmonischen Typen, die nicht »anecken«, sehen oft ihre verborgenen Sünden nicht und fangen darum auch nicht an, gegen sie zu kämpfen. Aber der schwierige Mensch, der unter seinem Charakter leidet, der greift zu der Waffe des Glaubens, der fängt an zu kämpfen gegen Sünde und Dämonen im Namen Jesu und in der Kraft Seines Blutes.*)

Und jeder Glaubenskampf gilt vor Gott – selbst wenn noch nichts oder wenig vom Sieg sichtbar wird –, jedes Glaubensgebet wird angerechnet; denn dem Glaubenden gehört die Krone. Wer von

*) Siehe M. Basilea Schlink, Im Namen Jesu ist die Macht, Gebete und Lieder für den Kampf des Glaubens

Jesus her und mit Jesus zusammen kämpft, dem ist der endgültige Sieg gewiß, auch wenn er manche Schlachten verliert, da seine alte Natur sich immer wieder aufbäumt und die Dämonen, die dahinterstehen, nicht lockerlassen wollen. Aber die Endschlacht ist gewonnen, so gewiß Jesus ausgerufen hat: »Es ist vollbracht!« Man kämpft ja unter Jesus, dem Sieger.

Welche Möglichkeiten und Chancen sind also dem schwierigen Menschen gegeben! Er braucht nur eines zu tun: treu zu sein im Glaubenskampf, das heißt Glauben zu halten, im Glauben durchzuhalten. Der Apostel Paulus sagt am Schluß seines Lebens: »Ich habe Glauben gehalten, hinfort ist mir beigelegt die Krone der Gerechtigkeit« (2. Tim. 4, 7b u. 8a). Dazu gehört auch der Glaube im Kampf gegen die Sündenmächte, gegen unsere schwierige Natur. Es ist ja gerade unsere schwierige Veranlagung, die uns zum Glaubensgebet und Glaubenskampf treibt. Darum macht sie uns lebendig, weil sie uns ständig Jesus suchen läßt und zur Begegnung mit Ihm führt. Sie bringt Jesus Ehre, weil unsere Ehre in den Staub gelegt wird, indem wir an uns immer neu zuschanden werden. So müssen wir ständig neu an Seine Erlösung glauben, wenn wir auch noch keinen Sieg sehen, und alles von Ihm allein erwarten. Diese Not verbindet uns darum innig mit Jesus als unserem Heiland und Erlöser. Wir kommen Ihm so nah, unser Herz wird voll Dank, daß wir Ihn haben, weil wir ohne Ihn mit unserer schwierigen Veranlagung ewig verloren wären. Und unsere Liebe zu Ihm wächst aus ständig neu erfahrener Vergebung.

Ja, unsere schwierige Natur läßt uns alles einsetzen im Glaubenskampf, weil wir wissen: Nur wenn wir jetzt treu darin sind, werden wir das Ziel der Herrlichkeit erreichen. Darum lassen wir nicht locker und wollen durchhalten im Glauben. Das bedeutet aber auch ein Sichüberwinden, denn es ist ein Leiden zu kämpfen, wenn einem gar nicht danach zumute ist und es oft so ergebnislos scheint. Doch weil dieser Glaubenskampf ein Stück Leiden in sich trägt, bringt er etwas Wunderbares – nicht nur für uns, sondern auch für andere viel Frucht und Segen. Denn Leiden haben eine wirkende Macht, bringen immer Frucht und Segen, so sie von Gott her angenommen werden und wir sie mit einem »Ja-Vater« und Vertrauen zu Ihm beantworten.

Darum jammere nicht über deine schwierige Veranlagung, sondern glaube! Nimm die Fahne des Glaubens in die Hand, wie es in Psalm 20, 6 steht: »Dann wollen wir jubeln ob deines Sieges und im Namen unseres Gottes die Fahnen schwingen« (nach Menge). Ach, daß wir es glauben: Jesus sieht mit großer Liebe und Freude auf solche, die in Treue und Hingabe nicht müde werden, Tag für Tag den Kampf des Glaubens gegen ihre schwierige Natur und ihre Sündenbindungen zu kämpfen. Ihnen kann Er der Sünderheiland sein, ihnen kann Er etwas zeigen von Seiner Siegesherrlichkeit als der Auferstandene

– und darum sind sie Ihm ein Trost angesichts der vielen, auch Gläubigen, die sich heute trotz Seiner vollbrachten Erlösung von ihren Sündenbindungen treiben lassen. Die aber, die in diesem Glaubenskampf beharren, wird Er zu Überwindern machen – wann, das ist Seine Sache. Denn an der Verwandlung in Sein Bild arbeitet unser Herr Jesus Christus unser ganzes Leben lang; aber sie wird geschehen, wenn wir nur nicht müde werden im Glauben und uns immer neu hingeben, uns durch Züchtigungen läutern zu lassen.

Gott wird nicht müde, Seine Liebe ist unerschöpflich. Und verlieren wir auch zwischendurch viele Schlachten – wenn wir durchkämpfen bis ans Ende, dann dürfen wir einst einziehen in die Gottesstadt, wo Er uns in Seine Arme aufnimmt. Die nicht müde wurden, Jesu Namen und Sieg und Sein kostbares Blut zu rühmen, werden erfahren: Der Sieg gehört mir, es ist der Sieg meines Herrn Jesus Christus.

Nichterhörte Gebete

Es zermartert deine Seele, hundert- oder tausend-
mal hast du gefleht, hast du geglaubt – für dich, für
einen Menschen, für die Lösung einer bestimmten
Not. Aber die Antwort Gottes ist nicht gekommen.
Warum antwortet Gott nicht? Da muß jeder sich
wohl als erstes die Frage stellen, ob nicht ein Ge-
betshindernis zwischen Gott und uns steht, das
weggeräumt werden müßte.*) Das kann zum Beispiel sein, daß wir an einem bestimmten Punkt nicht
nach dem Willen Gottes, nach Seinen Geboten tun –
oder daß eine Schuld nicht ans Licht gebracht und
damit nicht vergeben ist – oder daß wir in Unversöhnlichkeit, Bitterkeit und Neid leben, ohne Buße
zu tun. Die Heilige Schrift spricht deutlich von diesen Gebetshindernissen bzw. Gebetsvoraussetzun-
gen. Wenn wir um solcher Hindernisse willen auf
Gottes Antwort warten müssen, Er unsere Gebete
nicht erhören kann, soll uns das zu einer heilsamen
Reue und Umkehr führen.

Aber oft antwortet Gott, auch wenn kein Gebets-
hindernis vorliegt, nicht gleich. Welch ein Plan steht
dahinter, da Gott doch nur Liebesabsichten mit uns
hat? In meinem Leben durfte ich viele Gebetserhö-
rungen erfahren; aber ich mußte auch des öfteren
das Leid auskosten – vor allem da, wo ich um eine
Erhörung so heiß flehte –, daß sie lange Zeit nicht

*) Siehe auch M. Basilea Schlink, Mein Beten

kam. Doch dann – gerade bei Bitten für große und entscheidende Dinge in meinem Leben, für unser Werk oder für Menschen, die mir besonders am Herzen lagen – kamen die Erhörungen später, erst nach 10, 20 oder sogar 30 Jahren. Und ich erkannte im Rückblick: Gott wartet so lange, auf daß nachher das Wunder der Erhörung und damit unsere Freude und Anbetung und der Dank um so größer würden. Dann übertrifft die Erfüllung meist unsere Bitten weit, weil entsprechend der langen, bitteren Wartezeit der Herr in solch einem Maß erhört, daß wir nur staunen und anbeten können. Es ist, als ob Er nun ein ganzes Füllhorn auf uns herabschütten wollte, alle angestaute Güte sich wie ein Sturzbach über uns ergießt.

Doch noch ein anderer Segen ist jedesmal im Warten auf die Erhörung verborgen. Gott wartet mit der Erhörung unseres Gebets, weil es Sein Plan ist, daß Er uns noch mehr schenken will als nur die Erfüllung unserer bestimmten Bitte. Und das, was Er uns darüber hinaus schenken will, kann eben nur geschehen durch eine längere Wartezeit. Sicher müssen wir dies Warteleid erst auskosten, und das ist bitter; aber dann kommt etwas Süßes daraus, und das ist das Letzte, was bleibt bis in alle Ewigkeit.

So erfuhr ich, wie in solcher Wartezeit Großes ausgeboren wurde. Wenn Gott nicht antwortete, scheinbar nicht erhörte, mußte ich mich immer neu zum Glauben aufraffen: Einmal wirst Du doch erhören, ich glaube Dir, mein Gott. Kein Gebet ist umsonst, kein Gebet geht bei Dir verloren. Du hast die Verheißung dafür gegeben – die Erfüllung wird kommen. Wenn wir so viele Akte des Glaubens vollziehen müssen, geschieht jedoch Wunderbares: Dabei wird unsere Glaubenskrone geschmiedet. Welch ein Plan und Geschenk Gottes, daß auf dem Weg des Wartens sich im Verborgenen Entscheidendes vollzieht! In diesem Leiden, sich immer neu zu einem anhaltenden Glauben durchzuringen, obgleich scheinbar nichts geschieht, liegt ein großer Segen verborgen. Denn dadurch, daß wir immer wieder neu glauben müssen, werden wir stark im Glauben, so daß wir dann später bei Nöten und Anfechtungen besser und leichter glauben und durch den Glauben »Berge versetzen« können.

Das Warten auf die Stunde der Erfüllung will uns noch ein weiteres Geschenk bringen: Es macht uns demütig. In unserer anmaßenden Art meinen wir ja oft, Gott müsse sofort auf unsere Wünsche eingehen, obgleich wir Ihn immer wieder warten lassen, wenn Er uns Seine Wünsche nahebringt. Doch schon im Umgang mit Menschen gilt: Solche, die Macht und Ansehen haben, können einfach in das Zimmer des Direktors gehen und sich die erwünschte Antwort holen, die »Kleinen« müssen warten. So soll uns das Wartenmüssen im Gebet vor dem allmächtigen Gott die Augen öffnen für den Platz, der uns zukommt, und uns klein und demütig machen. Damit werden wir Jesus ähnlich gemacht, dem Sohn des Allerhöchsten, der von sich sagte:

»Ich bin von Herzen demütig« (Matth. 11, 29). Welch wunderbares Tun Gottes, welch weise Führung Gottes, wenn Er uns nicht gleich die Antwort auf unser Gebet gibt, sondern uns durch eine lange Wartezeit führt! Dadurch sollen wir etwas von dem Adel der Gotteskinder bekommen, die Demut, die sich beugt vor Gott und Seinem unverständlichen Walten, da Er unser Gebet scheinbar nicht erhört. Es steht also ein Plan der Liebe Gottes hinter diesem Weg des immer neuen Wartens: Glauben, Geduld und Demut werden in uns gewirkt.

Und schließlich werden wir noch erfahren: Er hat uns erhört, es wurde ein Amen daraus, wenn unsere Bitte nicht aus unserem Eigenwillen oder gar Trotz kam, sondern eine Bitte nach Jesu Geist war. Dann werden wir das Erbetene, das uns von unserem Gott und Vater nun nach langer Wartezeit geschenkt wird, mit demütigem Herzen aufnehmen. Im großen Dank zu Gott werden wir nie vergessen, was Er uns damit Gutes getan hat. Dann wird unsere Anbetung um so inniger sein, weil sie aus diesem demütigen Herzen kommt, und wir werden mit dem Erbetenen, das uns nun zufällt, heilig umgehen. Wir sind Gott nahegekommen, haben Sein Herz kennengelernt, das nur Liebe ist und uns nie enttäuscht, sondern uns in väterlich weiser Liebe erzieht.

So hat es jeder von uns in der Hand, diese Wartezeit auszukaufen, damit der Herr ihm in dieser Zeit das Größte schenken kann: dem Bild Jesu ähnlich zu werden, auf daß wir einst droben bei Ihm sein und

Jesus schauen können für alle Ewigkeit; denn dies größte Glück wird nur dem zuteil, der Jesus ähnlich geworden ist.

Doch auch nach längerer Wartezeit schenkt Gott nicht immer eine direkte Erhörung unserer Gebete. Manchmal läßt Er uns nicht nur zu unserem Heil lange Zeit warten, sondern erhört unser Gebet in einer ganz anderen Weise, als wir es uns vorgestellt und gewünscht hatten. So kann es zum Beispiel sein, daß wir für Menschen beten, die es uns schwer machen, ja uns hassen, ihr Sinn möchte doch gewendet werden, aber diese Bitte wird nicht erhört. Denn Jesus in Seiner Weisheit hat wiederum vor, uns dadurch in Sein Bild zu verwandeln, das Bild des Lammes, daß wir unsere Gegner lieben und sie im Geiste segnen. Durch unsere Wesenshaltung der Feindesliebe können wir andere, die gegen Jesus stehen, segnen und manchmal sogar überwinden. So hat der Herr doch unser Gebet erhört, aber nicht in der Weise, wie wir es gedacht hatten.

Eines steht fest: Gott erhört also immer, doch manchmal so, daß wir Ihn nicht gleich verstehen, weil Seine Gedanken, Pläne und Ratschlüsse viel größer und wunderbarer sind als unsere Gedanken und Er uns mehr liebt und uns Gutes tun will, als wir uns selbst Gutes wünschen können. Das erlebte ich immer bei scheinbar nichterhörten Gebeten – nun durch mehr als 60 Jahre in meinem Leben in der Nachfolge Jesu. So laßt uns Gottes Liebe restlos vertrauen, denn es gilt: »Bittet, so wird euch gegeben.«

Unfähigkeit und Unbegabtheit

Du bist unbegabt, unfähig, manches zu arbeiten und zu vollbringen, was anderen spielend vonstatten geht. Vielleicht bist du auch durch irgendeinen körperlichen Schaden gehindert, durch mangelnde Kraft und schwache Gesundheit, vorgerücktes Alter. Du findest bei Menschen nicht so schnell Zuneigung und Anerkennung, weil dir ein anziehendes Äußeres oder die Kontaktfähigkeit fehlt. So kommst du dir benachteiligt vor, von Gott vernachlässigt, und darunter leidest du sehr. Dem Begabten gehen die Dinge rasch von der Hand; er hat alles schnell erfaßt, ein gutes Gedächtnis und Urteilsvermögen. Er kann überall mitreden, weil er ein großes Wissen hat, und das bedeutet Macht – du aber bist wie beiseite geschoben. Wer ein anziehendes Wesen hat, findet bei den Menschen gleich Anklang, ist beliebt – und auch hier stehst du draußen, man fragt nicht nach dir.

Was kann mir in solchen Situationen helfen, mein Leid zu tragen, daß es mich nicht niederdrückt und unglücklich macht? so fragst du. Da gibt es eine Hilfe. Ich habe sie selbst erfahren, als ich meine Unfähigkeit in einem bestimmten Punkt auszuleiden hatte, nämlich im Blick auf die englische Sprache. Bei vielen Dienstreisen im Ausland, da es für meinen Auftrag eigentlich unbedingt notwendig war, Englisch zu sprechen und zu verstehen, fehlte mir sehr, daß ich dies nicht konnte, weil ich nicht sprachbegabt bin und in der Schule vor allem Französisch und alte Sprachen gelernt hatte. Als der Herr mir dann keine Zeit und Möglichkeit mehr gab, diesen Mangel aufzuholen, schrieb ich folgenden Vers als Gebet nieder:

> *O Vater, ich will arm, unfähig, elend sein,*
> *mit diesem Ja ich will Dich ehren, benedein,*
> *dann wirst Du wirken, wo ich es nicht kann,*
> *Du selbst brichst Deiner Botschaft doch die Bahn,*
> *Du ganz allein.*

Diese Hingabe verwandelte das, was mir schwer war. Ich erfuhr: Wenn man seinen Wunsch und Willen völlig Gott ausgeliefert hat, ist man eins mit Gott, und das macht das Herz voll Frieden.

Wohl mußte ich dann meinen Mangel ausleiden, zum Beispiel durch schlechte Übersetzung meiner Vorträge die mir aufgetragene Botschaft nicht recht ausrichten zu können, obgleich ich nur deshalb diese weiten Reisen unternahm, oder bei Interviews und wichtigen Gesprächen wie ausgeschaltet zu sein und die Menschen durch diese mangelnde Sprachkenntnis nicht so zu erreichen. Doch dabei schenkte der Herr mir die innere Freude: Ich danke Dir, daß Du mich klein machst, denn Du liebst ja die Kleinen – und dann führst Du meinen Auftrag auf andere Weise aus. Immer wieder habe ich erlebt, wie wunderbar Er das zu tun vermag – bis dahin, daß ich später bei unserem Verkündigungsdienst durch

Film und Fernsehen, den Gott uns gab, durch Seine Hilfe die Botschaft doch noch in Englisch an Millionen in der englischsprachigen Welt ausrichten konnte.

Darum möchte ich dir Mut machen: Sage »Ja, Vater« im Blick auf deine bestimmte Unfähigkeit, Unbegabtheit, deinen Mangel an diesem und jenem. Es kommt von Gott, deinem Vater, der einen großen Segen darin verborgen hat, um den dich solche, die reich an Gaben und äußeren Vorzügen sind, beneiden können. Du kommst dadurch deinem Herrn Jesus, dem erniedrigten Gottessohn, so nah wie kaum einer. Und des Vaters Wohlgefallen ruht auf dir als Seinem armen, aber Seinem Willen hingegebenen und damit reichen Kind.

Und noch ein Geschenk hat Gott für die Unfähigen, Armen und Unbegabten: Daß du nicht so reich an Gaben bist, das macht dich demütig. Die viele Gaben haben, sind in der Gefahr, der Sicherheit und dem Hochmut zu verfallen, und müssen dann schmerzlich erleben: Gott widersteht dem Hochmütigen. Doch wem gibt er Gnade? Dem Demütigen. Wenn du also in Demut annimmst, daß der Herr dir diese oder jene Gabe versagt hat, und wenn du dein Ja dazu gibst, weil es aus des Vaters Händen kommt, dann stehst du unter Seiner Gnade. Wenn du als Sein Kind den Vater immer bittest, daß Er dir bei deiner Unbegabtheit dennoch so viel hilft, wie du es unbedingt brauchst, bist du in Wahrheit der Reichbeschenkte. Aber der, der natürlicherweise viele

Gaben hat und sie nicht in der Abhängigkeit von Gott gebraucht, ist letztlich der Arme.

So bedenke: Es kommt nicht darauf an, ob ich von Menschen als tüchtig angesehen werde, mancherlei Begabungen und Vorzüge habe, dies und jenes gut kann. Es kommt darauf an, wie Gott mich ansieht. Das ist entscheidend für die Ewigkeit, hat also Geltung ohne Ende und wird droben dann auch für alle sichtbar. Dagegen was ich vor Menschen hier auf Erden gelte, betrifft nur diese kurzen Jahrzehnte meines Lebens, hat nur Bedeutung für Menschen, die sterblich sind und vor Ihm ein Nichts. Denke daran, vor Gott gelten gerade die, die in der Welt nichts gelten, die Armseligen, die Unbegabten – so sagt die Heilige Schrift (1. Kor. 1, 27). Und: »Ein Mensch sieht, was vor Augen ist, der Herr aber sieht das Herz an« (1. Sam. 16, 7).

So fange an, zu rühmen und dich zu freuen: Ich gelte viel bei Gott, Er schenkt mir Seine besondere Liebe; denn Er liebt Seine Kinder, die arm sind an Gaben und Klugheit. Bei so jemand Unbegabtem wie ich kann Er sich viel mehr verherrlichen als bei den Weisen und Klugen! Rühmst du dich in dieser Weise deiner Unfähigkeit und daß du als Armer reich in Gott bist, dann wirst du keine Minderwertigkeitsgefühle mehr haben, nicht unglücklich sein. Denn du weißt, du bist ja von Gott angenommen, von Ihm angesehen und geliebt, der unser aller Schöpfer und Vater, aber auch Richter ist, auf dessen Urteil es allein ankommt.

Noch weiteres kann dich trösten: Du hast den Vorteil, daß du durch deine Unbegabtheit auf verschiedenen Gebieten wie von selbst abhängig wirst von Gottes Hilfe. Du mußt Ihn immer neu bitten, daß Er dir beistehe, weil du dies und jenes allein nicht fertigbringst. Das bringt dich noch mehr in die Abhängigkeit von Gott, weil du Ihn oft um Hilfe anrufen mußt. Dadurch kommst du in enge Beziehung zu deinem Gott und Vater, viel mehr als jemand, der alles »von sich aus« bewältigen kann. So wirst du dann einen reichen Quell der Freude und der Liebe in Gott finden, die dir von Ihm zuströmen. Und diese Liebe wird in dir wieder die Liebe zu deinen Mitmenschen entzünden. Damit aber ist dir das Größte geschenkt, die Liebe, die größer ist als alle Gaben (1. Kor. 13). Diese Liebe zu deinen Mitmenschen öffnet dir dann ihr Herz, so daß du sogar mehr Zugang hast, als wenn du vielerlei Gaben und andere Vorzüge hättest. So liebe – und dein Schmerz und Gehemmtsein um deswillen, was dir fehlt, wird schwinden. Jesu Liebe hat in dir gesiegt.

Altwerden

Ich erlebte es bei einem alten Herrn aus meiner Verwandtschaft, daß jedesmal, wenn ich ihn besuchte und ihn fragte, wie es ihm ginge, die eine Antwort kam: »Ach, alles nimmt ab! Alles nimmt ab!« Aus diesen Worten klang mir das ganze Leid des Altwerdens entgegen.

Was bedeutet es, wenn unser Auffassungsvermögen abnimmt! Dieser Herr, ein kluger, im geistigen Leben führender Mann, las jetzt nicht einmal mehr die Zeitung, konnte nicht mehr am Zeitgeschehen teilnehmen, las keine Bücher mehr, denn er konnte nicht mehr alles so recht verstehen. Welch eine Demütigung – er wollte es noch verstehen und konnte es doch nicht mehr.

Und dann kam die Klage: »Mein Gedächtnis nimmt ab!« Über ein besonders gutes Gedächtnis hatte dieser Herr verfügt, bis hin zu seinen achtziger Jahren. Aber dann nahm auch sein Erinnerungsvermögen ab, er konnte über Dinge nicht mehr berichten, wie er wollte, denn sie waren seinem Gedächtnis entfallen. Er konnte bei vielem nicht mehr mitreden, denn er wußte nichts mehr von diesen Dingen.

Alle seine Bewegungen, besonders sein Gehen, waren beschwingt gewesen. Jetzt konnte er sich nur noch mühsam vorwärtsbewegen, nur am Arm eines anderen oder mit dem Stock. Er war abhängig von manchen Stützen, ohne die er nicht sein konnte, ja abhängig von Menschen. Jetzt brauchte er ständig Hilfe. Auf allen Punkten erlebte er die Armseligkeit unseres Menschseins, wenn Gott uns Kräfte des Geistes, des Leibes nimmt, uns im wahrsten Sinne des Wortes arm und darum abhängig macht.

Bei vielen alten Menschen kommt noch die seelische Not dazu. Sie sind oft allein, der Ehepartner ist vielleicht schon heimgegangen, die Kinder sind erwachsen, haben ihre eigenen Familien und wohnen an anderen Orten. Freunde und Bekannte sind zum Teil schon gestorben – wer kümmert sich noch um einen alten Menschen? So wenige alte Menschen bekommen noch Liebe; besonders empfangen die keine Liebe, die auch nicht viel Liebe während ihres Lebens gesät hatten.

Ja, Altwerden ist ein Leiden, denn es bringt außerdem oft verschiedene Krankheiten mit sich, die sich im Alter natürlicherweise einstellen. So gilt es für alle Gebiete: Man kann nicht mehr, wie man möchte. Damit steht eine Gefahr auf: Man rebelliert im Herzen gegen seinen Zustand, ja man wird vielleicht verbittert, und damit macht man sich das Leben noch schwerer und wird für seine Umgebung unleidlich. Darum heißt ein Wort: Altwerden ist eine Kunst, die nicht jeder meistert.

Und doch, das Altwerden kann nicht nur gemeistert werden, sondern es kann einen ganz besonderen Glanz auf den alten Menschen legen. Dies Leiden will Gott in Segen, ja Herrlichkeit verwandeln. Dafür war der alte Herr aus meiner Verwandtschaft ein

Zeugnis. Da er durch die Abnahme seiner geistigen Fähigkeiten und durch seinen körperlichen Zustand viel Stille hatte, ließ er immer wieder sein ganzes Leben an seinem inneren Auge vorübergehen und bat dabei Gott, daß Er ihm alles zeige, was nicht gut war. Und dann hörte ich bei meinen Besuchen zu meiner Verwunderung, wie er jedesmal etwas anderes vorbrachte, was nicht gut gewesen war. Zum Beispiel wäre er bei seinen vielen Fähigkeiten ehrgeizig und hochmütig gewesen, und darum wäre er dankbar, jetzt noch Zeit zu haben, das zu bereuen. Er wollte die Wege, die der Herr ihn jetzt führte, um ihn demütig und klein zu machen, im Dank zu Gott durchgehen.

So geschah bei ihm eine Verwandlung, da er der Wahrheit über sich selbst standhielt. Er demütigte sich unter die gewaltige Hand Gottes, er bekam Reue über alles Vergangene, was in seinem Leben nicht gut war. Ja, wie groß war die Verwandlung: Früher war er der von allen Geliebte, der Führende, der überall anzugeben hatte; doch nun, da ihm Gott alles nahm und er abhängig war, wurde er immer demütiger und dankbar für jeden Handgriff und für jede Hilfe, die man ihm gab.

Jetzt, da seine geistigen Fähigkeiten weniger wurden, nahmen die geistlichen Fähigkeiten von Jahr zu Jahr zu. Es war eigenartig: Wenn er betete, dann war es auf einmal, als hätte er das beste Gedächtnis. Er brachte alles vor von den Menschen, die ihm am Herzen lagen, auch die Anliegen und Nöte von verschiedenen christlichen Werken, für die er nun im Gebet eintrat.

Ja, wenn der irdische Mensch mit allen seinen Gaben und Fähigkeiten abnimmt, dann kann mehr und mehr der geistliche Mensch erneuert werden (2. Kor. 4, 16), und man erlebt: In dem Maß, wie die Gaben, die zum menschlich-irdischen Leben gehören, abnehmen, brechen die geistlichen Gaben auf und werden immer stärker. Doch dafür ist die Voraussetzung das Glauben an unseren Herrn Jesus Christus. Wer an Ihn glaubt, der hat das ewige, das heißt das göttliche Leben in sich. Und dieses göttliche Leben ist unsterblich. Diese Wahrheit erweist sich bei Menschen, in denen Jesus Christus lebt; denn Er ist der Ewige, bei Ihm nimmt nie etwas an göttlicher Kraft ab, noch wäre sie zu töten. So kann alles an menschlicher Kraft und an Gaben bei uns abnehmen, aber wenn Christus in uns wohnt, ersteht Er gerade dann in Seiner ganzen Kraft und Herrlichkeit.

Welch ein Segen liegt also im Altwerden, welch eine Herrlichkeit Gottes will da aufbrechen! So wurde dieser alte Herr ein geistlicher Mittelpunkt für viele. Sie kamen, um seine Fürbitte zu erbitten oder um sich von ihm segnen zu lassen. Ja, er war nicht, wie es oft von alten Menschen heißt, ungewollt und ohne Auftrag, für alle eine Last. Er hatte vielmehr einen großen Auftrag, der viel Segen brachte, weil Jesus Christus in ihm war, Er in ihm lebte. Durch das, was ihn beim Altwerden demütigte und klein machte, konnte Jesus, weil Er immer mehr Raum in ihm gewann, immer stärker aufstrahlen. Weil dieser Mann alles aus seinem Leben in Reue aufarbeitete, konnte sich Christus immer mehr durch ihn verherrlichen und ihm Vollmacht schenken.

Quellen ewiger Freude will Gott also im Altwerden aufspringen lassen. Ja, wirkliche Freude kann es bringen; denn alle, die unseren Herrn Jesus Christus lieben, werden beim Altwerden von der Freude geprägt: Bald darf ich heimgehen zu dem, den ich liebe; bald werde ich Ihn sehen dürfen; bald werde ich in meiner ewigen Heimat sein dürfen, im Reich des Friedens, der Liebe, der ewigen Freude, in der Stadt Gottes, da ich voll größter Glückseligkeit wohnen darf. Diese Freude will Gott denen geben, die das Altwerden mit Ihm durchgehen, wie wir es bei jenem alten Herrn sahen.

So dürfen wir eines nicht tun: in unserem Herzen gegen das Leiden des Altwerdens rebellieren. Damit töten wir das göttliche, ewige Leben in uns. Denn jede Rebellion trennt uns von Gott, und Er kann Sein göttliches Leben nicht in uns einströmen lassen.

Eine große Verheißung steht aber über denen, die alt werden in der Willenshingabe an unseren Herrn Jesus Christus: »Meine Gnade ist für dich genügend, denn meine Kraft gelangt in der Schwachheit zur Vollendung« (2. Kor. 12, 9). Und welche Kräfte sind das: Kräfte der Liebe, der Freude, des Gebets und der Vollmacht im Herrn. All das soll im

Alter unser Teil werden – eine wunderbare Aussicht für uns, wenn wir älter werden.

Daß doch alle, die Jesus ihr Leben noch nicht ganz ausgeliefert haben, sich mit dem, was sie sind und haben, Ihm übergeben, Ihn über alles lieben – es lohnt! Glückseligkeit und Freude wohnt in den Menschen und gerade in den alten Menschen, in denen Jesus Christus Wohnung gemacht hat. Sie werden Ihn ausstrahlen, andere glücklich machen und selbst in seliger Erwartung auf ihren Heimgang zuleben. Ja, alles werden sie haben durch Jesus Christus. Denn wenn wir zunichte werden, kann Er, der alles ist, alles in uns tun, alles uns geben, was wir nur brauchen. Und droben werden wir leuchten wie die Sterne in Seinem Reich.

Armut und Mangel

Die Zeit des Wohlstands ist vorbei, auch in den westlichen Ländern. Wirtschaftskrisen breiten sich weltweit aus und drohen zur Weltwirtschaftskatastrophe zu werden – damit aber droht größte Armut und Hunger. Firmen machen Konkurs, eine nach der anderen, die Inflation steigt immer mehr, außerdem herrscht Arbeitslosigkeit. So spürst du es vielleicht sehr, wie du immer ärmer wirst. Dein weniges Geld verliert an Wert. Die Armut nagt an deinem Herzen. Wie sollst du deine Familie noch durchbringen?

Diese Sorge, daß bald Armut in dein Haus einzieht – oder schon eingezogen ist, ist ein Leiden, das bei Gott aber auch in einen Gewinn verwandelt werden kann, nämlich daß du dennoch keinen Mangel hast an dem, was du letztlich brauchst, und vor allen Dingen Ihn erlebst wie kaum zuvor. Wann geschieht das? Wenn du mit deinen Sorgen und deinem Mangel zum Herrn kommst. Solange du alles reichlich hattest, hast du es vielleicht als selbstverständlich genommen und deine alltäglichen Bedürfnisse nicht so in Beziehung gebracht zu deinem Vater im Himmel. Aber jetzt beginne damit, Ihn um Hilfe anzuflehen und Ihm zu vertrauen, daß Er weiß, wessen du bedarfst, und daß Er die Armen reich machen kann. Der Vater im Himmel hat Mitleid mit ihnen und will ihnen Seine Hilfe erweisen.

Das erlebten wir in der Zeit nach dem Zweiten Weltkrieg, da Ströme von Flüchtlingen durch unser Land
zogen und sie nichts mehr hatten an Hab und Gut,
weil sie kaum etwas mitnehmen konnten und das
wenige noch auf der Flucht verloren. Arm waren sie
an allem. Und auch solche, die vorher einen reichen
Besitz, große Güter ihr eigen nannten, besaßen
nichts mehr. Doch was bezeugten viele, als sie dann
nach einer Reihe von Jahren wieder eine Existenz
aufgebaut und alles zum Leben ausreichend hatten:
Wir hatten in dieser Armut eine viel glücklichere
Zeit. Wir mußten ständig zum Herrn rufen, an Seine
Hilfe glauben und erlebten dann richtige Wunder,
wie von dieser und jener Seite unerwartet, nach
menschlichen Vorstellungen kaum möglich, uns
etwas gegeben wurde. So schmeckten wir ständig
neu die Liebe unseres Vaters im Himmel ganz per-
sönlich und hatten ein glückseligmachendes Verhältnis zu Ihm, da Er uns so nahegekommen war.
Bei jeder Hilfe, jedem Geschenk Seiner Liebe erfaßte
uns eine große Freude, die wir jetzt nicht mehr ken-
nen. Wir sehnen uns oft nach dieser Zeit zurück.
Ja, es ist wahr, die Armen macht Er reich, den Armen gehört Seine Liebe, das haben wir in unserer
Schwesternschaft auch erlebt. Unsere Gründung
fiel in die Nachkriegszeit, eine Hungerzeit. Und als
eine ganze Reihe Schwestern in unser Haus einzo-
gen, konnte keine von ihnen den Zentner Kartoffeln, den jede Person als Wintervorrat bekommen
hatte, mitbringen. Wovon sollten wir leben, da wir

nur für zwei Personen Kartoffeln hatten, die das Hauptnahrungsmittel waren? Außerdem fehlten andere Lebensmittel, Geld, Kleidung, Haushaltsgegenstände usw. Doch dann erlebten wir Wunder über Wunder. Gott vermehrte zum Beispiel die Kartoffeln, nachdem ich mit der Küchenschwester täglich abends im Keller betete und die wenigen Kartoffeln segnete. Wir wurden das ganze Jahr hindurch satt, obwohl wir sieben Personen mehr waren und noch Gäste dazukamen. Es geschah dann auch, daß fehlende Gebrauchsgegenstände plötzlich von irgendeiner Seite herbeikamen, bis hin zu einem damals seltenen Besen, um den wir gebetet hatten. Welche Freude, als er aus einem Paket zum Vorschein kam und der Absender vermerkte, der Herr habe ihm ins Herz gegeben, er solle uns einen Besen schicken.

So könnte ich weiter erzählen. Ja, wir haben über 35 Jahre lang erfahren, daß Gott Sein Wort wahr macht: Wenn wir als erstes nach dem Reich Gottes trachten, das heißt dafür leben, uns einsetzen, jede Spende verwenden, daß »Sein Reich komme«, wenn wir nach Seinen Geboten und in Reue und Buße leben, dann gibt Er uns alles andere, was wir zum Leben nötig haben, »obendrein« (Matth. 6, 33). Wir waren arm, denn wir gingen den Glaubensweg, hatten keine festen Einnahmen, forderten für unsere Dienste keine Gegenleistung. Wovon sollten wir in den Anfangsjahren leben, hatten wir doch noch keinen richtigen Freundeskreis? Aber es kam alles. Immer war der Tisch gedeckt.*) Bis zum heutigen Tag leben wir von den Wundern Gottes und erfahren, wie unser Herr Jesus Christus sagt, daß wir vor Gott mehr gelten als die Blumen auf dem Felde, die Er so schön kleidet. Nun sind wir annähernd 200 Schwestern; die Spenden, die von unserem Freundeskreis kommen, werden für die Arbeit im Reich Gottes gebraucht, und wir erleben weiterhin: Trotzdem ist der Tisch gedeckt und alles für das Leben Notwendige da.

Doch eines ist unsere Erfahrung auf dem Weg der Armut immer neu: Wir werden als Arme nicht automatisch beschenkt, wenn wir Gott um das, was uns fehlt, bitten. Nein, unser Gebet hat nur dann Macht, und Gottes Zusage gilt nur dann, wenn wir – wie schon an anderer Stelle gesagt – Gebetshindernisse aus dem Weg räumen, zum Beispiel irgendeine Spannung oder Unversöhnlichkeit untereinander, Bitterkeit im Herzen, oder wo wir sonst die Gebote Gottes nicht ernst genug genommen haben. Da gilt es, in Reue unsere Sünde zu bekennen, Vergebung von Jesus und von Menschen zu erbitten und umzukehren. Nur unter dieser Bedingung, die ja die Heilige Schrift für erhörliches Gebet nennt, können wir dann wieder neu erleben: Gott erhört die Bitten der Armen nach dem Wort: »Er wird den Armen erretten, der um Hilfe schreit, und den Elenden, der keinen Helfer hat« (Ps. 72, 12).

*) Siehe M. Basilea Schlink, Realitäten – Gottes Wirken heute erlebt

Darum kann es eine Freude sein, arm zu sein; denn das Leiden der Armut trägt in sich einen wunderbaren Schatz, wie jedes Leid eine große Freude und Herrlichkeit in sich trägt, wenn wir es mit Jesus durchgehen. Ja, wenn wir als die Armen bereit sind, von dem wenigen, was wir haben, an Notleidende abzugeben, dann steht Gott zu Seinem Wort: »Gebt, so wird euch gegeben« (Luk. 6, 38). Solche, die arm sind, weil sie freiwillig geben und schenken, werden die Reichsten sein, denn Gott wird ihnen reichlich wiedergeben. So erzählte uns eine Missionarin, die von Guerillas verschleppt wurde und viele Wochen im Busch unterwegs war, daß sie von einem ihrer Wächter gebeten wurde, ihm ihr Medikament zu geben. Dies war ihr sehr kostbar, denn ohne das Mittel war sie eigentlich nicht fähig, die großen Strapazen durchzustehen. Es war ihr sehr schwer – doch sie gab es her. Und Gott tat Wunder, es geschah das Umgekehrte, als was zu erwarten war. Es ging ihr gesundheitlich besser als vorher mit dem Medikament. Ähnliches sollen wir in der Zeit der Hungersnot, in die uns eine Weltwirtschaftskrise sehr schnell führen kann, erleben: Wenn wir dann das letzte Stück Brot hergeben, wird Gott uns Arme reich machen, stärken und durchtragen, weil Sein Nahesein alles verwandelt und Naturgesetze durchbricht.

So wollen wir uns nicht fürchten vor Zeiten der Armut und der Hungersnot, wir wollen nur in der Gottesfurcht stehen, daß wir nicht leichtfertig sündigen, sondern Wege gehen, die Gott wohlgefallen. Wir wollen nach Seinen Geboten und für Sein Reich leben und gerne hergeben, was wir haben, dann werden wir als die Armen die Allerreichsten sein – durch Ihn und in Ihm.

Angst vor dem Tod

Wie oft hört man das heute: Die Diagnose für den Patienten heißt Krebs, voraussichtlich nur noch kurze Lebensdauer. Oder du bist in ein Alter eingetreten, da du unausweichlich in Bälde dem Tod begegnen mußt. Täglich fordern die Straßen ihre Opfer – viele Tausende von »Verkehrstoten« im Jahr. Kannst du wissen, ob deine nächste Fahrt die letzte ist? Gewalttat und Mord greifen um sich, Revolten machen das Leben unsicher, Krieg droht. Der Tod lauert von allen Seiten – und die Angst vor dem Tod packt dich.

Die Angst vor dem Tod muß wohl eine besondere, ja die größte Angst sein, sonst würde man nicht allgemein, wenn einer von einer schweren Angst geplagt ist, sagen: Er hat eine »Todesangst«. Jesus wußte, was es um den Tod war. Als Er nach dem Tod des Lazarus zu den wehklagenden Schwestern kam, heißt es, daß Er in der Seele aufs tiefste erschüttert war, ja wie ergrimmt. Und als Jesus dann zum Grabe hinzutrat, weinte Er (Joh. 11, 33–38). Im Garten Gethsemane, da Er selbst mit dem Tod, eigentlich mit dem Todesfürsten rang, hat Er dabei Blut und Tränen vergossen; es packte Ihn solch ein Entsetzen, daß es auf Seinem Angesicht zu sehen war, als Er zu den Jüngern kam.

Ja, unsere Väter schrieben nicht ohne Grund auf ihre Hauswände und Kontobücher: »Gedenke des Todes«. Denn der Tod ist das einschneidendste Ereignis unseres Lebens, das ihm einen endgültigen Schlußstrich setzt. Warum die Angst vor ihm? Die Tatsache ist klar: Er holt uns aus diesem Leben heraus. Doch quält uns oft die Ungewißheit und Angst: Wo werde ich erwachen, wo werde ich dann sein? Wir wissen: Auf das, was wir in diesem Leben säten, folgt nun eine Ernte, je nachdem welche Saat wir hier ausstreuten. Mit dem Tod müssen wir in eine andere Welt eintreten und vor dem erscheinen, der der Richter der Lebendigen und der Toten ist. Auch von den Gläubigen steht geschrieben, daß wir alle vor dem Richterstuhl Christi offenbar werden müssen, »auf daß ein jeglicher empfange, nach dem er gehandelt hat bei Leibesleben, es sei gut oder böse« (2. Kor. 5, 10). Also unausweichlich bringt uns der Tod an den Ort, wo wir zur Rechenschaft gezogen werden über unsere Taten, über unser ganzes Leben, was wir während unseres irdischen Daseins vielleicht um jeden Preis vermeiden wollten.

Im Angesicht des Todes haben wir nichts mehr in unseren Händen, wir können selbst über nichts mehr verfügen, wir sind restlos der Hand Gottes ausgeliefert. Die meisten Menschen, ja selbst solche, die gottlos sind, überfällt vor ihrem Tod eine Todesangst; denn dieser Weg durch das Todestal ist wohl das größte Leid, das wir zu durchgehen haben. Der herannahende Tod stellt uns vor die Frage: Wird Satan ein Recht an uns haben? Wird er uns mit in sein Reich nehmen für alle Ewigkeit? Er ist der Verkläger

– durch jede nicht bekannte und nicht bereute Sünde in unserem Leben hat er ein Anrecht auf uns. Darum erfaßt viele ein Schrecken vor ihrem Tod – vielleicht auch dich.

Wenn du aber den Gedanken an den Tod wegschieben willst, ist dies keine Bewältigung der Todesangst. Vielmehr kann dir nur eines helfen: daß du dich bereitest auf den Tod. Gedenke daran, daß diese Stunde auf dich wartet, da die endgültige Entscheidung fällt, ob du als Satans Beute hinweggetragen wirst ins Totenreich, ja in die Hölle – oder ob du heimgehen darfst in die himmlischen Wohnungen, die Jesus uns bereitet hat (Joh. 14, 2). Auch für Gläubige ist dies nicht selbstverständlich; denn Satan hat ein Anrecht auf uns, wenn wir andere richten, in Streitsucht, Bitterkeit und Unversöhnlichkeit beharren, ja dem Haß Raum geben. Die Bibel sagt zu Gläubigen, daß die, so solches tun, nicht ins Reich Gottes kommen (Gal. 5, 19–21). Bereite dich darum, daß du in der Todesstunde von den Engeln in Jesu Reich getragen wirst, weil du nicht in groben oder auch pharisäischen Sünden dahingelebt hast, sondern nach jedem Sündigen durch Gedanken, Worte und Werke in Reue zum Kreuz Jesu kamst, deine Sünden vor Gott und Menschen bekanntest und um Vergebung batest, in Versöhnung mit anderen lebtest. Denn Sündern, die Buße tun, ist Gott gnädig, sie läßt Er in ihrer Todesstunde eingehen in Sein Reich.

Wie ernst ruft uns Jesus darum auf, solange wir noch

Zeit haben hier auf Erden, solange noch Gnadenzeit ist: Bereue, bekenne deine Sünde! Bitte immer neu um Licht, daß sie dir gezeigt werde und du sie Jesus bringen kannst. Dann erfährst du das Wunderbare: Jesus vergibt dir deine Sünden. Sein Blut bedeckt deine Schuld, die Tür zum Paradies steht auch für dich offen – wie für den Schächer, der seine Schuld bekannte. Glaube: Die Angst vor dem Tod weicht, wenn deine Sünden bekannt und vergeben sind. Dann hast du Frieden, großen Frieden – schon jetzt und erst recht einst, wenn du durch das Todestal hindurch heimgehen darfst zum Vater.

So höre heute auf Jesu Stimme, die ruft: Komm zu Mir, kehre jetzt noch um. Du sollst Vergebung erlangen, dann hat Satan sein Recht an dir verloren. Ja, statt daß der Tod das Verdammungsurteil für dich bringt, sollst du Begnadigung empfangen. Daß wir auch dann noch vor dem Richterstuhl Christi erscheinen müssen, wird keinem von uns erspart – aber dabei geht es nicht mehr um Verloren- oder Gerettetsein, sondern um das Maß des Lohnes entsprechend der Frucht aus unserem Erdenleben.

Es kann also in diesem Leid, dem Tod begegnen zu müssen und durchs dunkle Todestal zu gehen, Freude, ja eine ewige Freude und Herrlichkeit verborgen liegen. Die Frage ist nur: Wer erlangt sie? Wer sich vorher bereiten und vom Licht Gottes durchrichten läßt. So beuge dich jetzt vor Gott und Menschen. Erwähle jetzt den Weg Jesu, liebe Jesus über alles – was immer die Liebe zum Nächsten einschließt – und schenke Ihm das Letzte. Dann wirst du erfahren, daß der Tod nicht nur seine Schrecken verliert, sondern daß etwas Wunderbares geschieht, was schon viele Gläubige erfahren haben. Je näher sie dem Tod kamen, desto näher kam ihnen der Himmel; göttliche Freude und Seligkeit überströmte sie. Ja, Jesus mit Seinen Engeln und Heiligen kam ihnen so nah, daß ihr Herz nur von einem Sehnen und Jauchzen erfüllt war: Heim – ich darf heimkehren zu dem, den ich geliebt habe.

Unvergeßlich ist mir, wie wir dies bei unserer Schwester Claudia miterlebten. Erst 35 Jahre alt, lebenssprühend, nie krank, von ansteckender Freude und brennender Liebe zu Jesus erfüllt, war sie in ihrem Dienst in Italien plötzlich von einer schweren Blutkrankheit befallen worden. Sie kam ins Mutterhaus und wurde dann in eine Spezialklinik überwiesen. Nach einigen Tagen erfuhren wir, daß es für Schwester Claudia keine Hilfe mehr gebe, ihr Leben nur noch kurz bemessen sei. Das ihr nun sagen zu müssen, stand uns sehr schwer bevor. Doch was erlebten Mutter Martyria und ich, als wir ihr Krankenzimmer betraten? Sie wußte es eigentlich schon, auch von dem her, was der Arzt andeutungsweise gesagt hatte, und strahlte uns entgegen mit einem Lächeln, das nicht von dieser Welt war. Denn der Herr Jesus hatte sie gegrüßt und den Glanz der himmlischen Welt auf sie gelegt. Es war bereits auf dem Heimflug von Rom geschehen. So heißt es in ihrem Tagebuch:

»Das Flugzeug flog der Sonne entgegen, da auf einmal war es, als ob der Herr Jesus mich fragen würde: ›Und wenn diese Krankheit zum Tode führt?‹ O Jesus, mit unendlicher Sehnsucht hast Du mein Herz in diesem Augenblick erfüllt, daß ich mich der übergroßen Freude nicht erwehren konnte, bald, bald Dich zu schauen, bald, bald Dich zu umfangen. Wird so der Heimflug in die Arme meines Herrn werden, die Brautfahrt? Wird das Erlebnis beim Heimflug ins Mutterhaus eintreffen?«*

Jesus, der Todesbezwinger und Todesüberwinder für uns, die wir an Ihn glauben, hat solche Gnade gebracht: Der Tod verliert nicht nur seine Schrekken, sondern wir sollen im Sterben – wie damals bei Stephanus (Apg. 7, 54 ff.) – die Herrlichkeit Gottes erleben. Das erfährt jeder, der hier schon »im Himmel« gelebt hat, weil in Liebe vereint mit Jesus, der droben ist – sitzend zur Rechten Gottes – und die Mitte des Himmels ausmacht. Wer nur für Ihn gelebt und sich verzehrt hat, Seinen Weg der Niedrigkeit, des Gehorsams, der Willenshingabe und des Vertrauens gegangen ist, dem ist der Tod ein Durchgang zum göttlichen Leben, zum Reich der Herrlichkeit. Ja, wenn Christus sein Leben war, dann wird das Sterben ihm zum Gewinn (Phil. 1, 21). Dies göttliche Leben, das sein Herz erfüllte, konnte in der Stunde des Todes nicht sterben. Vielmehr

---

*) Siehe M. Basilea Schlink, Wenn ich nur Jesus liebe, Lebenszeugnis unserer Schwester Claudia

wird es nun in Fülle offenbar, wenn er daheim sein darf bei dem, der seine ganze Liebe war, Jesus Christus, und Ihn schauen darf in Ewigkeit.

Unfaßlich ist, daß dieses Leid der Angst vor dem Tod sich verwandeln kann in die allergrößte, seligste Himmelsfreude. Welch ein Gott, der solche Wunder tut, daß tiefstes Leid zur höchsten Freude wird! Der Tod bringt uns heim zu Gott, ins Reich ewiger Glückseligkeit.

Übervorteilt- und Ausgenutztwerden

Du fragst: Was soll ich tun? Es ist mir schier unerträglich, daß ich von meinen Kollegen oder in meiner Familie so ausgenutzt werde. Von mir fordern sie, daß ich noch arbeite, wenn sie sich ausruhen. Mir wird alle Arbeit zugeschoben, die ihnen nicht genehm ist. Sie fragen nicht danach, daß ich dadurch mehr an Zeit und Kraft oder sonstiges einsetzen muß. Das Leben unter meinen Kollegen, in meiner Familie ist mir eine richtige Last geworden. – Und du wehrst dich dagegen, der Ausgenutzte, Übervorteilte zu sein. Es geht dir auch gegen dein Rechtsempfinden.

Ja, ausgenutzt, übervorteilt zu sein kann ein großes Leiden bedeuten. Es bringt uns oft viel Schaden in unserem Berufsleben, Schaden auch an Geld und Gütern. Vor allem trägt es eine große Gefahr in sich: nämlich daß wir voll Bitterkeit werden darüber, daß uns solches angetan wird. Vielleicht hat man sich mit Mühe ein kleines Geschäft aufgebaut, und dann kommt jemand und leiht sich eine Summe von uns, ohne sie zurückzugeben, ja wird sogar ärgerlich und sagt Böses über uns aus. So ist man doppelt geschädigt. Wenn man sehen muß, wie das mühsam Verdiente in den Händen anderer zerrinnt, ist das nicht leicht.

Wie soll man mit diesem Leiden fertig werden? Ich erlebte einmal im ganz kleinen Maß etwas vom Aus-

genutztwerden – später auch im größeren Maß, und
dies gehört ja an sich zum Normalen auf dem Weg
der Nachfolge Jesu. Meine erste Erfahrung liegt
etwa 35 Jahre zurück. Wir hatten in unserer Marienschwesternschaft die ersten Schriften mit der uns
von Gott aufgetragenen Botschaft veröffentlicht. Es
war ein großes Glaubenswagnis gewesen, in dieser
Zeit der Armut das Geld für die Druckkosten aufzu-
bringen. Wir waren voll Dank, als die Rechnungen
tatsächlich bezahlt werden konnten. Nun legten wir
in dem kleinen Raum, in dem grafische Arbeiten
und andere Erzeugnisse unserer Kunstwerkstatt
ausgestellt wurden, die Schriften in Stößen aus.
Was geschah?

Eines Tages kam ein christlicher Kolporteur, der
durch die Dörfer ging, um in den Häusern Schriften
anzubieten, in diesen kleinen Ausstellungsraum.
Sein Begleiter erklärte ihm, er könne hier alles ohne
Geld mitnehmen – daraufhin packte er einen ganzen
Koffer mit Schriften voll und zog damit ab, ohne einen Pfennig in die Kasse einzuwerfen. Wir hatten
keine bestimmten Preise angegeben; es sollte jeder
geben, was er wollte – nach unserer Regel des Glau-
bensweges. Und diese Möglichkeit nutzte er aus,
während er dann die Schriften verkaufte. Ich war
bekümmert darüber und spürte, daß da etwas an
Unmut in meinem Herzen hochkam über diesen
Mann, der so an uns gehandelt hatte und auf solch
ungute Weise seine Schriftenmission betrieb.

Doch dann erkannte ich, Gott selbst hatte ihn uns

geschickt. Er sollte das Werkzeug sein, durch das Gott an mir arbeitete. Denn ich sollte lernen, was ich in der ersten Überraschung bei diesem Erlebnis zu wenig getan hatte: mit Gott zu rechnen, Seiner Hilfe, die man nur erfahren kann, wenn man Jesus nachfolgt auf Seinem Weg, dem Weg des Lammes. Bei manchen schwerwiegenderen Gelegenheiten ging mir dann immer tiefer auf, was dieser Lammesweg bedeutet. Jesus hat als Gottes Sohn auf Seinem Weg über die Erde wie ein Lamm alles Unrecht erduldet und Sein Recht Gott übergeben, der da recht richtet und der Seine Sache zu Seiner Zeit hinausführen würde (Ps. 9, 5). Und Lammesweg heißt nun für uns: Statt im Herzen zu rechten, sich zu ärgern über den, der uns übervorteilt und Unrecht tut, dies Leiden geduldig aus Gottes Hand zu nehmen und dann Ihm alles zu übergeben, Ihm vertrauend: Er wird für mich sorgen, für mich streiten.

Den Lammesweg gehen bedeutet nicht, sich immer und in jeder Situation alles bieten zu lassen – es kann auch eine Situation geben, da man dem Nächsten helfen muß zu erkennen, wodurch er sich schuldig macht; doch dies muß dann in einem demütigen, liebenden und vergebenden Geist geschehen. Den Lammesweg gehen heißt auf jeden Fall, den, der uns ausnützt, zu segnen, zu lieben, ihm wohlzutun. Dann wird Gott auch uns segnen und uns helfen. Als ich mehr und mehr lernte, diesen Weg des Lammes zu gehen, das heißt Unrecht, Übervorteilt – und Ausgenutztwerden still und den andern segnend zu ertragen, wuchs mein Vertrauen zum Herrn, daß Er uns allen Verlust reichlich ersetzen könnte.

Im Blick auf unseren Herrn Jesus wurde mir dieser Weg dann sehr kostbar – nicht nur, weil ich nicht rechten, nicht anderen gegenüber mein Recht vertreten mußte, sondern weil ich erfuhr, daß Sein wundersamer Plan dahinterstand, mich näher zu sich zu ziehen. Denn auf dem Weg des Lammes war ich besonders innig vereint mit Ihm. Und das nicht allein – dabei hatte mein Vater im Himmel die Möglichkeit, wo mir Unrecht getan und ich ausgenutzt wurde, selbst für mich zu sorgen und Seine Macht und Hilfe zu erweisen zu Seiner Zeit.

Dies durfte ich dann in der weiteren Geschichte unserer Schwesternschaft in reichem Maße erleben. Man könnte sagen: Soviel wir unser Recht aus der Hand gaben und damit menschlich gerechnet die Weiterführung unseres Werkes aufs Spiel setzten, soviel stand der Herr für uns ein und ließ uns, ohne daß wir Menschen darum baten, alles Nötige zufließen. In unserem Gästehaus, bei den Rüstzeiten, in unserem kleinen Pflegeheim oder auch beim Weitergeben unserer Schriften an den Büchertischen und bei sonstigen Diensten stellten wir es jedem anheim, ob er etwas geben wollte und wieviel. Das schloß natürlich das Risiko des Ausgenutztwerdens in sich; aber wir hatten nie Mangel, konnten vielmehr unsere weltweiten Aufträge bis zum heutigen Tag ohne Schulden hinausführen. Ein Mathematikprofessor nannte dies einmal »himmlische Mathematik«.

Gott, unser Vater, wartet auf unsere Bereitschaft, uns auch einmal ausnutzen und übervorteilen zu lassen, weil Er uns dabei vor allem einen inneren Reichtum schenken will, nämlich daß wir Ihm vertrauen lernen und dadurch Ihm näherkommen. Wir erleben, wie selig es ist, Sein Kind zu sein, das nicht abhängig sein muß von Menschen, sondern das Ihm alles sagen kann und von Ihm alles empfängt, wessen es bedarf. Und wenn Er uns dann Unrecht erleiden läßt, will Er uns dabei umgestalten in das Bild des Lammes, und wir kommen unserem Herrn Jesus nahe, dürfen uns mit Ihm, dem duldenden und Unrecht leidenden Herrn vereinigen. So fließt auch aus diesem Leiden Segen, denn solch innige und glückselige Gemeinschaft mit Jesus finden wir nur auf diesem Weg – und nicht da, wo wir nach unserem Recht verlangen. Und dieser Weg mit Jesus, der Weg des Lammes, der zugleich der Weg eines vertrauenden Kindes dem Vater gegenüber ist, führt zum ewigen Vereintsein mit Ihm in der Gottesstadt. Was bringt uns also auch dies Leid? Glückseligkeit und Freuden für alle Ewigkeit. Das glaube fest.

Gehaßt- und Verleumdetwerden

Jeder, der einmal erlebt hat, wie er von einem Menschen oder von einem ganzen Kreis gehaßt, ja verleumdet und sein Name in den Schmutz gezogen wurde, weiß, welche Wunden das der Seele schlägt. Wir sagen: Haß tötet. Ja, Hassen bedeutet geistiger Totschlag. Und ein Mensch, der verleumdet wird, über den Lügen verbreitet werden, kann davon elend und krank werden. Man kann damit seine Ehre, seinen Ruf und seinen Beruf zunichte machen, also vieles in seinem Leben zerstören.

Die Quelle des Hasses ist sehr oft der Neid oder die Eifersucht. So sind solche, die jemand hassen, auch nicht zu überzeugen, wenn man ihnen aufzeigt, daß ihre Behauptungen Verleumdungen und Lügen sind. Im Gegenteil, wenn ihnen die Wahrheit vor Augen gestellt wird, wird der Haß noch größer.

Wie soll man das ertragen? Ist es doch eines der schwersten Leiden, ein gehaßter Mensch, verleumdet und in Schmach und Schande gebracht zu sein, selbst wenn es um Jesu willen ist. Es gibt Menschen, die können vielleicht manches Leid tapfer tragen; aber wenn Schmach in ihr Leben kommt, können sie dies nicht verkraften. Und doch hat Jesus die längste Seligpreisung über die gesprochen, deren Namen man als böse bezeichnet und die von den Menschen um Seinetwillen geschmäht werden, »so sie (die Ankläger) daran lügen«. Und Jesus fordert uns auf:

»Freuet euch alsdann und hüpfet, denn euer Lohn ist groß im Himmel« (Matth. 5, 11 u. 12; Luk. 6, 22 u. 23).

Doch wie sollen wir zu dieser Freude kommen? Wir wünschten, wir hätten sie; aber unser Herz ist meist zutiefst verwundet, wenn wir von Haß und Schmach getroffen werden. Wir resignieren oder werden bitter, es steigt Rebellion oder sogar Haß gegen den auf, der uns so verletzt hat und Unrecht tut. Die Lügen gehen gegen unser Rechtsempfinden, wir empören uns darüber, bekommen vielleicht sogar nachts keine Ruhe vor anklagenden, bitteren Gedanken. Wie leicht rebellieren oder seufzen wir dann auch gegen Gott: Warum schickst Du solche Schmach in mein Leben? Warum läßt Du meine Ehre ruinieren? Warum muß ich so gehaßt werden? Und wir meinen, diese Wunde in unserem Herzen kann nie heilen, so tief ist sie.

Aus eigenem Erleben weiß ich, wie Wunden der Schmach brennen. Das begann schon, als eine Erweckung in unseren Jugendkreisen aufbrach und daraus dann unsere Schwesternschaft entstand. Als später unser Land Kanaan erbaut wurde und mehr und mehr Bedeutung gewann, ein Zentrum für viele wurde, die aus aller Welt herzuströmten, wurden der Neider immer mehr, und die Verleumdungen und der Haß wuchsen dementsprechend. Ich bekam nicht nur Briefe, die voller Anklagen und Lügen waren und mir Böses nachsagten, sondern von einzelnen Persönlichkeiten wurde ein richtiger Feldzug gegen unsere Schwesternschaft und besonders gegen mich geführt. Man sandte Briefe an viele christliche Werke, in denen man vor uns warnte und sie bedrohte: Es würde auch gegen sie gekämpft, wenn sie noch Kontakt mit uns hätten, meine Schriften weitergäben. Man forderte auf, meine Schriften zu verbrennen, was auch vielfach geschah. Warnungen und Verleumdungen über mich wurden in Vorträgen – auch auf Tonbändern – im Land verbreitet. Man ging so weit, daß man mich und unser Werk den Menschen als dämonisch darstellte, weil wir Geistesgaben haben und den Weg der Reue, des Gebets und des Glaubens gehen. Dies beschrieb man als etwas, was gegen die Heilige Schrift sei. Immer neue Schmähschriften gegen uns wurden verfaßt, die in den gläubigen Kreisen kursierten, bis hin zu Missionsstationen in fernen Ländern. Zumeist glaubte man ihnen, weil man für unmöglich hielt, daß Gläubige lügen könnten.

Wenn man solch schmerzliche Verwundungen erfährt, wie kann man dies Leid durchstehen und darin überwinden? Gott zeigte mir einen Weg. Er ließ mich als erstes erkennen, daß dies alles letztlich nicht von Menschen kommt, sondern von Ihm. Ich mußte und durfte lernen zu sagen: Es ist der Herr! Und was Er tut, kommt aus dem Herzen Seiner Liebe, geschieht nach ewigem Liebes- und Weisheitsratschluß und muß uns zum besten, zum Heil und Segen dienen. Also ist ein Schatz in diesem Leid verborgen, es will uns Jesus ähnlich machen. Wenn ich das glaube, dann kehrt Ruhe und Frieden in meiner Seele ein. So konnte ich immer neu sagen: Ja, Vater, es kommt aus Deinen Händen, darum nehme ich es an.

Unser Herr Jesus Christus ist selbst diesen Weg gegangen: geschmäht, verleumdet, verunehrt, mit falschen Anklagen überhäuft, bis man Ihn, den Heiligen, als Verbrecher ans Kreuz heftete. Und ich war ja Seine Jüngerin, gehörte zu Ihm und durfte nun in Wahrheit an Seiner Seite stehen, etwas von der Gemeinschaft Seiner Leiden erfahren – eine besondere Gnade. Sagt Jesus doch: »Haben sie mich verfolgt, so werden sie euch auch verfolgen« (Joh. 15, 20b). Also war ich gerade auf dem rechten Weg als Jünger Jesu. Denn es steht auch geschrieben: »Der Jünger ist nicht über den Meister noch der Knecht über seinen Herrn. Es ist dem Jünger genug, daß er sei wie sein Meister und der Knecht wie sein Herr. Haben sie den Hausvater Beelzebub (Satan) geheißen, wieviel mehr werden sie seine Hausgenossen so heißen!« (Matth. 10, 24 u. 25). Jetzt wurde ich inniger mit Ihm vereint. Jetzt durfte ich das Wort der Heiligen Schrift für mich nehmen: »Selig seid ihr, wenn ihr geschmäht werdet über dem Namen Christi; denn der Geist, der ein Geist der Herrlichkeit und Gottes ist, ruht auf euch. Bei ihnen ist er verlästert, aber bei euch ist er gepriesen« (1. Petr. 4, 14). Welch ein Geschenk! Mein Herz wurde getröstet, und ich weihte mich ganz neu meinem geschmähten, verlästerten Herrn, Seinen Weg zu teilen.

Aber noch mehr zeigte mir der Herr, nämlich daß Er sich diesen Schmachweg um meiner Läuterung willen erdacht hatte, um mich tiefer zu lösen von dem, wie unser natürlicher Mensch immer wieder reagiert: zu rechten, statt die Feinde voll Erbarmen zu lieben. Gott wollte auf diesem Züchtigungsweg immer mehr die erbarmende Liebe bei mir herausarbeiten. Er ließ also zu, daß meine Widersacher mich verwundeten – aber Er hatte ein heiliges und wunderbares Ziel im Auge, daß aus diesen Wunden erbarmende Liebe fließen sollte. Dazu hat uns Jesus ja erlöst, als Er verleumdet und gehaßt, voll der Leiden am Kreuz hing. Aus Seinem verwundeten Herzen strömte nur eines heraus, nämlich die erbarmende, vergebende Liebe zu denen, die Ihn gehaßt, verleumdet und ans Kreuz gebracht hatten.

Das wollte Jesus bei mir erreichen und will es bei dir, wenn Er dich in Schmach und Unrechtleiden hineinführt. Er will dann das Schönste in uns erwecken: die erbarmende Liebe zu unseren Feinden, zu denen, die uns nicht nur kränken, sondern vielleicht hassen und verleumden. Aus unseren Wunden soll nicht Bitterkeit herausströmen, sondern Vergeben und Lieben.

Ich konnte mir diese Feindesliebe nicht geben, denn in meinem Herzen stiegen doch rechtende Gedanken gegen die auf, die mir solches Unrecht antaten – wenn ich es auch still ertrug, ohne widerzureden. Aber Jesus, das Lamm Gottes, ist für uns den Weg des Lammes gegangen, als ein Lamm gekreuzigt worden und hat Sein Opfer vollbracht, auf daß aus Seinen Wunden das Heil, die Erlösung fließt durch Sein heiliges Blut. Und dieses Blut erlöst uns, daß wir zu Menschen der erbarmenden Liebe werden. So rühmte ich immer neu das Blut des Lammes, daß es mich zu einem kleinen Lamm machen möchte, das nicht nur Unrecht tragen lernte, sondern von Herzen lieben könnte. Jesus erhörte meine Bitte und schenkte mir mit der Zeit immer mehr die erbarmende Liebe zu meinen Widersachern.

Wer nun vielleicht ähnlich wie ich erlebt, daß er sich die erbarmende Liebe zu seinen Feinden ersehnt, für den steht dieser Weg offen: Jesu Blut zu rühmen. Jesu Erlösung ist gültig, wir sind erlöst zum Lieben. Und diese Erlösung wird sich bei uns auswirken, wenn wir uns darunter beugen, daß wir nicht – nach Jesu Gebot – unsere Feinde lieben konnten und darum nun die Pfeile unserer Feinde willig ertragen wollen. Durch die Kraft dieser Erlösung wird es dann sogar ein »Liebendürfen« der Feinde! Ich erlebte, wie mein Herz dabei erfüllt wurde von einem immer tieferen Frieden, und schmeckte dann auch die Freude, von der Jesus in den Seligpreisungen sagt.

Die Freude, die Er schenkt, beginnt schon mitten im Leiden, aber läßt uns ausschauen nach dem Himmel. Da gibt es keine Feinde mehr, da werden wir nicht mehr gehaßt, verfolgt, geschmäht und verleumdet, werden keine Lügen mehr über uns verbreitet, sondern da ist man nur noch mit solchen zusammen, die lieben, und wir sind bei unserem Herrn Jesus, der ewigen Liebe, daheim. Das war und ist mir ein großer Trost. Wir dürfen uns freuen auf den Tag der Heimkehr, da die gekrönt werden, die hier überwunden haben – auch wo sie gehaßt wurden –, indem sie, statt mit Haß zu antworten, liebten. Und so wahr Jesu Wort gilt, werden jene, die um Seines Namens willen und ohne Ursache gehaßt und verleumdet werden, in Ewigkeiten droben in Jesu Reich voll Freude und Herrlichkeit sein.

Ja, die Leiden dieser Zeit vergehen und darum alles, was wir hier erdulden müssen, auch an Schmach und Haß, an Erniedrigung und Verleumdung. Aber was in der Ewigkeit sein wird, das bleibt. Und dort – so sagt die Heilige Schrift – werden die hoch in Ehren stehen, die hier erniedrigt, gehaßt und verleumdet sind. Doch welche Gnade, daß wir schon hier erfahren dürfen mitten unter dem Gehaßt- und Verleumdetwerden: Gerade dadurch kann die Liebe zu unseren Feinden gelernt werden und aufblühen, und wir werden durch dieses Liebenkönnen und -dürfen so reich und glücklich, so gesegnet, wie wir es nie sein würden, wenn wir das Gehaßtwerden nicht erfahren hätten.

So ist in diesem besonders schweren Leiden ein besonderer Segen verborgen – glaube es! Die Schmach will uns kleiner, niedriger machen, was wir doch ersehnen, die wir Jesu Bild ähnlich werden wollen, um Ihn einst von Angesicht zu Angesicht sehen zu dürfen. Wenn solche Pfeile des Hasses und der Verleumdung uns treffen, geht es immer neu darum, ja zu sagen und sich hinzugeben: Mein Herr Jesus, mein Vater, ich *will* es leiden – ich will Deinen Weg mit Dir gehen. Ich brauche gerade dies Leiden der Schmach, es demütigt und macht mich dadurch demütiger. Diese Hingabe nimmt dem Leiden schon den Stachel. Mir war es dann immer, als riefe Jesus mir zu: Bücke dich tiefer, tiefer, dann neigt sich Meine Gnade zu dir herab, und du wirst Mir, deinem so erniedrigten Herrn, nahekommen, der Ich diesen Weg erwählt und soviel Schmach erduldet habe. Und bei Ihm zu sein, das ist größtes Glück.

Anstelle eines Nachwortes

Meine geistlichen Töchter baten mich, dieses Buch mit einem Brief an sie abzuschließen, der ihnen so viel geholfen habe:

Im April 1983

Meine lieben Töchter!

Für die kommende Zeit, wenn manche von Euch sicher auch dunkle Stunden zu durchgehen haben, Anfechtungen, Nöte, Schwierigkeiten, ja vielleicht größere Leiden, grüße ich Euch mit Parolen, die Euch dann eine Hilfe sein möchten. Es sind drei Worte, die mir wie ein fester Stab geworden sind, an dem ich das »Tal der Tränen« hier auf Erden gut durchschreiten konnte. Das erste stammt aus einem Kirchenlied:

> *»Es kann mir nichts geschehen,*
> *als was Er hat ersehen*
> *und was mir selig ist.«*
>
> *(Paul Fleming, EKG 292, 3)*

Die beiden anderen sind Bibelworte, die ich Euch ja schon oft zurief:

> *»Es ist der Herr!« (Joh. 21, 7) und*
> *»Sein Ratschluß ist wunderbar, und er führt es herrlich hinaus« (Jes. 28, 29).*

Diese drei Worte sind »Wunderworte«, denn ich habe er-

*probt, wie sich dadurch alles wandelt. Ich lebe mit ihnen,
so daß sie in meinem Herzen sofort aufklingen, wenn ich in
eine Not komme, wenn eine schwere Nachricht oder sonst
ein Leid mich trifft, wenn ungelöste Fragen und große Lasten mich drücken wollen.*

*Das Wort: »Es kann mir nichts geschehen, als was Er hat
ersehen und was mir selig ist« trägt darum solch eine
Wunderwirkung in sich, weil es uns fragen läßt: Wer ist
denn der, der dies alles »ersehen« hat, was mir geschieht?
Wer ist denn dieser »Er«? Es ist ja unser Vater im Himmel, unser allergeliebtester Vater. Es ist nicht irgendein
Herr, der in seiner Allmacht willkürlich über mich verfügt, sondern mein Vater, der alles in überströmender
Liebe »ersieht«, was mir geschehen soll. Das heißt: Er
sinnt über alles nach, was in mein Leben, in meinen Tag
hineingelegt wird, auch an Schwerem – wie und was, von
wem und wodurch. Er hat sich ganz genau überlegt, was
mir »selig«, heilsam ist; aus Seinem liebenden Herzen kam
dies Geschehen. Ja, es steht immer eine Liebesabsicht dahinter.*

*Diese Gewißheit kann eine Erlösung und Befreiung bedeuten, denn wie wunderbar ist das doch: Wenn mich ein
Mensch kränkt oder mir Leid zufügt, wenn Not in meiner
Familie aufbricht oder eine Krankheit über mich kommt,
wenn in einer Situation etwas wie zerbrochen vor mir liegt
oder wenn ich in größten Anfechtungen bin – dann darf
ich wissen: Es ist letztlich nicht dieser oder jener Mensch,
dieser oder jener Zustand, es sind nicht Verhältnisse oder
Geschehnisse – nein, alles kommt aus den Händen des liebenden Vaters.*

Das zweite Wort sagt mir bei schwerem Erleben, Schicksalsschlägen, Nöten und Leiden: Es ist der Herr, der darin zu mir kommt. Er ist es, mein Herr Jesus, der mich liebt. Und wenn Du jetzt in Not bist, kommt Er darin zu Dir. Ach, siehst Du Ihn denn nicht? Erkennst Du Ihn nicht? Machst Du es vielleicht wie die Jünger am See Genezareth nach Jesu Auferstehung? Sie waren in solch einer notvollen Situation: Ihr Herr Jesus war von ihnen gegangen. Für Ihn hatten sie ihr Gewerbe, ja alles aufgegeben. Nun standen sie ohne Brotverdienst da. Es war sogar soweit gekommen, daß sie nichts mehr zu essen hatten, wenn ihnen nicht ein großer Fischfang beschert würde – und das geschah ja nun auch nicht. War Gott denn in allem gegen sie, daß ihnen keine Hilfe zuteil wurde? Warum hatte der Herr sie in diese Not hineingeführt? Nur deshalb, daß sie Ihm begegnen sollten!

Wer entdeckte es dann aber, daß es der Herr war, der da sprach: »Kinder, habt ihr nichts zu essen?« (Joh. 21, 5) Johannes, weil er den Herrn wahrhaft liebte. Darum erkannte er: Solch ein Wort der Liebe kann wirklich nur unser Herr Jesus sprechen. »Kinder« redet Er sie an – noch liebevoller als in den drei Jahren, da Er mit ihnen gewandert war. Und nun fragt Er, ob sie etwas zu essen haben. Das beschäftigt unseren Herrn Jesus, den Auferstandenen, der doch nicht mehr Menschennatur hatte, wie es Seinen Jüngern geht, ob sie eine Not haben. Da stellt Er sich ein. Doch die Jünger – und so sind auch wir oft – sehen nicht, daß es der Herr ist; sie haben kein Auge für Seine Liebe.

Ach, der Herr möge jedem von uns ein Auge für Seine

Liebe geben, daß wir mitten in Nöten sagen: Es ist der Herr! Seine Liebe drängt zu mir, wenn ich in Not bin. Dann ist es so, als ob der Herr fragt: Mein Kind, fehlt dir etwas? Ich bin es, der bei dir steht, Ich helfe dir. Ich bin es, der in dieser Not so zu dir kommt, daß sie sich verwandelt in ein wunderbares Gotteserlebnis. Vertraue Mir, sieh doch auf Mich und nicht mehr auf die Menschen und Zustände. Ich, Jesus, möchte von dir gesehen, von dir aufgenommen werden, ja von dir geliebt werden. Denke daran, wenn die Not da ist: Mit ihr bin Ich zu dir gekommen, dir zu helfen. Ja, Ich war schon längst unterwegs und stehe bereits da – nur siehst du Mich nicht. Jetzt laß dir die Augen öffnen: Ich, der Herr, bin es, der zu dir kommt – nicht diese Not, dieser Mensch, der dir Schwierigkeiten bereitet.

Das Wort: »Es ist der Herr!«, das Johannes aussprach, verwandelte damals alles. Und so erfahre ich seit Jahren, daß dies Wort jedesmal, wenn ich es in einer Not sage, Wandlung bringt. Ich werde getrost, voll Frieden und voll Vertrauen.
Weiter war mir immer neu eine Hilfe das Wissen, daß der Herr in meiner Not einen Ratschluß hat, der sehr wunderbar ist, und Er mich nach diesem Ratschluß gerade durch die Not zu einem herrlichen Ziel führt. Auch dies Wort hat sich in meinem Leben in schweren Leiden bewährt. Welch ein Trost: Ein Ratschluß steht hinter dem bestimmten Leid, das mich getroffen hat, und er kommt aus dem Herzen Gottes, der ewigen Liebe. Dies Leid birgt einen großen Gewinn in sich, den ich oft erst hinterher erkenne; denn Seine Gedanken sind unendlich viel höher als meine. Rück-

blickend auf mein langes Leben kann ich nur anbeten: Ja,
Du führtest alles, gerade auch durch leidvolles Gesche-
hen, zu einem wunderbaren Ziel, daß ich darüber nur
staunen kann. Wo Du zerstörtest, bautest Du Neues auf.
Schläge waren Liebesschläge, durch die der Herr mich läu-
tern und für droben bereiten wollte. Verwickelte Verhält-
nisse und größte Nöte und Schwierigkeiten lösten sich
nach Seinem Ratschluß – wenn auch manchmal erst nach
Jahren – zum Staunen wunderbar.

Nachdem ich das so oft erlebt habe, klingt es jedesmal,
wenn wieder neu Notvolles und Ungelöstes vor mir steht,
in meinem Herzen als triumphierende Gewißheit auf:
Dein Liebesratschluß steht dahinter, und so wirst Du
auch durch diese Not hindurchführen zu einem herrlichen
Ziel.

Es ist mir dabei immer so, als könnte ich mich in ein Schiff-
lein setzen, das heißt »Ratschluß Gottes«. Der Steuer-
mann ist der Herr selbst, und das Schifflein fährt über die
Wellen. Sie können toben und uns verschlingen wollen –
aber der Steuermann hält es fest in Seiner Hand. Wenn ich
mich in das Schifflein Seines Ratschlusses hineingesetzt
habe, will ich nichts anderes, als was Er sich erdacht hat,
wie Er mein Leben führt, was Er mit mir tut. Und dann er-
lebe ich: Dieses Schifflein landet an einem Ufer, das heißt
»Herrlichkeit«. Oft wird schon hier auf Erden offenbar,
wie wunderbar Sein Ratschluß war; aber spätestens, wenn
mein Schifflein am Ufer der Ewigkeit landet, sehe ich, zu
welcher Herrlichkeit Er mich droben geführt hat.

So probiert es aus, meine lieben Töchter. Sagt bei allem,
was für Euch ein Schlag bedeutet im Kleinen oder Großen:

Es ist der Herr! Du bist es, Herr Jesus. Sagt bei jeder-schweren, unverständlichen Führung: Es kann mir nichts geschehen, als was Du, mein allerliebster Vater, Dir in Deinem Herzen liebend erdacht hast und was mir zum Heil ist. Darum will ich diesen Weg gehen, wenn er mir auch schwer ist. Deinem wunderbaren Ratschluß will ich nicht entgegenstehen in meinem Leben. Sonst bin ich ja das Hindernis, daß Du mich nicht zum herrlichen Ziel führen kannst; so würde ich selbst alles Wunderbare, das Du Dir für mein Leben erdacht hattest, kaputtmachen. Ja, sagt dem Vater: Deinem Ratschluß gebe ich mich in meinem Leben immer neu völlig hin. Damit setzt Ihr Euch in dies Schifflein und fahrt sicher über die Wellen bis hin zur Gottesstadt.

Den Herrn zu erfreuen ist doch unser Anliegen – Ihn, der als der Gehaßte, Verhöhnte, Gelästerte heute so viel Leid trägt. Wann tun wir das? Wenn wir Seinem Willen ganz hingegeben sind.

Welche Möglichkeiten schließt es also in sich, wenn wir uns diese Worte zu eigen machen! Will uns Schweres in Bedrückung, Unglauben, Verzagen oder vielleicht sogar Verzweiflung bringen, dann soll unser Herr Jesus jedesmal hören:

> *Es ist der Herr!*
> *Du bist es, mein Herr Jesus Christus.*

Mitten im Leiden wollen wir die Liebe unseres Vaters anbeten:

> *Es ist Dein Ratschluß, mein Vater, der stets wunderbar ist, und Du führst zum herrlichen Ziel.*

Ihm wollen wir unser Vertrauen schenken und sagen:

Es kann mir nichts geschehen, als was Du, liebster Vater, für mich ersehen hast und was mir heilsam ist. Ich danke Dir. Hier hast Du mich, ich bin Dein Kind, das Dir vertraut und Dich durch Vertrauen erfreuen will.

Wie reich beschenkt sind wir, daß der Herr uns auch durch diese Worte einen Weg zeigt, auf dem Leiden uns zum Gewinn wird.

Mit herzlichen Grüßen, jeder einzelnen von Euch im Gebet gedenkend,

Eure Mutter Basilea

Unsere Trübsal, die
zeitlich und leicht ist,
schafft eine ewige und
über alle Maßen wichtige
HERRLICHKEIT
uns, die wir nicht sehen
auf das Sichtbare,
sondern auf das Unsichtbare.
Denn was sichtbar ist,
das ist zeitlich,
was aber unsichtbar ist,
das ist ewig.

2. Kor. 4, 17 u. 18

Die Leiden dieser Zeit
sind nicht wert der
HERRLICHKEIT,
die an uns soll
offenbart werden.

Röm. 8 / 18

Im gleichen Verlag erschienen
von M. Basilea Schlink:

Der niemand traurig sehen kann
Ein Wort des Zuspruchs für jeden Tag des Jahres
»Jedesmal, wenn ich darin lese, spüre ich, wie Gott
mit all Seiner Liebe zu mir redet und mir Frieden,
Freude, Trost und Hoffnung gibt.« Chile
155. Tsd. 240 Seiten Kst

Krankentrost-Büchlein
Antworten auf Fragen und Nöte des Kranken
»So viel innere Wegweisung und Erquickung wurde
mir dadurch vermittelt. Es half mir, von Herzen
›Ja-Vater‹ zu sagen. Als eine von Gott Beschenkte
ging ich aus meinem Krankenzimmer.«
60. Tsd. 144 Seiten graph. gest. Kst

Wir bergen uns in deine Hand
Trost, Stärkung und Bereitung für Notzeiten
»Schon oft war dies Büchlein mir eine Hilfe, dem Vater in meinem Alltag zu vertrauen, um dadurch in
den mancherlei Nöten in Ihm geborgen zu sein. Solche Erfahrung stärkt mich auch im Blick auf die Zukunft und läßt mich meine Angst überwinden.«
39. Tsd. 112 Seiten graph. gest. Kst

Leidensgnade
Worte über die verborgene Herrlichkeit des Leidens
35. Tsd. 32 Seiten graph. gest. Gh

Wider die Verzagtheit
Glaubenshilfe für dunkle Stunden
»Ein Büchlein, das viele Perlen des Glaubens enthält. Es wird müden und verzagten Menschen Wegweiser zu neuen Glaubensschritten sein.«
43. Tsd. 112 Seiten graph. gest. Kst

Wie ich Gott erlebte
Sein Weg mit mir durch sieben Jahrzehnte
»Seitdem ich diese Lebensgeschichte zum ersten Mal gelesen habe, wurde sie mir zum ständigen Begleiter. Ich nehme sie zur Hand, wenn ich geistlichen Trost und Hilfe in vielem brauche wie im Gebet, für Glaubenskampf und Buße, für Verfolgung und Leiden, zum Loben und Danken... Ich habe noch kein Buch gefunden, das mich so viel gelehrt hat und bestätigte, daß Gott heute lebt und wirkt.«
England
21. Tsd. 648 Seiten 16 Fotoseiten. Pb

Hölle – Himmel – Wirklichkeiten
Ein Ruf, das Leben von der Ewigkeit her zu sehen
»Dieses Buch beantwortet eine der aktuellsten Fragen aller Zeiten – was kommt nach dem Tod? – Als ich begann, darin zu lesen, wurde ich so gepackt, daß es mich nicht mehr losließ. Alles wurde anders durch die neue Perspektive, die sich mir im Blick auf Himmel und Hölle geöffnet hat.« USA
20. Tsd. 164 Seiten Kt